互联网视域下高校定向运动教师教学能力提升策略研究

吴　磊　著

中国纺织出版社有限公司

图书在版编目（CIP）数据

互联网视域下高校定向运动教师教学能力提升策略研究 / 吴磊著. -- 北京: 中国纺织出版社有限公司，2023.7
ISBN 978-7-5229-0747-5

Ⅰ.①互… Ⅱ.①吴… Ⅲ.①高等学校-定向运动-教师-教学能力-研究 Ⅳ.①G826

中国国家版本馆 CIP 数据核字 (2023) 第 129861 号

责任编辑：张　宏　　责任校对：高　涵　　责任印制：储志伟

中国纺织出版社有限公司出版发行
地址：北京市朝阳区百子湾东里 A407 号楼　邮政编码：100124
销售电话：010—67004422　传真：010—87155801
http://www.c-textilep.com
中国纺织出版社天猫旗舰店
官方微博 http://weibo.com/2119887771
北京虎彩文化传播有限公司印刷　各地新华书店经销
2023 年 7 月第 1 版第 1 次印刷
开本：787×1092　1/16　印张：10
字数：190 千字　定价：98.00 元

凡购本书，如有缺页、倒页、脱页，由本社图书营销中心调换

前　　言

在国家"互联网＋"计划的大力推动下，互联网技术正以前所未有的速度迅速发展，逐渐被应用于日常生产生活中，教育行业也是如此。互联网时代下高校定向运动教学将改变传统的教学方式，促进教师教学能力的提升。适应互联网时代的教师教学能力体系及其提升策略研究，是促进教育变革、提高教学质量、培养创新型人才需要研究的重点课题。

基于此背景，本书的研究内容建立在丰富的定向运动教学和训练的经验之上，通过十几年的探索实践、经验积累，系统地介绍了定向运动的基本知识和基本教学原理，详细归纳和总结了定向运动教师教学能力提升策略，注重理论与实践的有效结合。本书首先系统地介绍了定向运动的基本知识、基本技术和高校定向运动基本教学原理等内容；其次对互联网时代的定向运动教学和互联网视域下定向运动教学创新与实践进行研究；最后对定向运动教师智能化教学能力建设和互联网视域下高校定向运动教师信息化教学能力理论与提升策略进行研究。本书遵循教师教学的认识规律与运动技能的形成规律，对教师教学信息化、创新能力进行分析；注重理论与实践的有效结合，吸取当代国内定向运动教学发展成果，力求体现定向运动教学的系统性与先进性。本书内容丰富，深入浅出，兼具实用性、系统性和前瞻性，既有益于定向运动教师在实践中提高综合教学能力，又能促进其他教师专业发展、提高教学能力的实践价值。

本书在撰写过程中参阅了很多著作，在此表示感谢！由于作者水平有限，书中难免会有不足之处，恳请广大读者给予批评指正！

作　者
2023 年 3 月

基金项目：2021 年广东省一流本科课程（线上线下混合式）：《定向运动》；2021 年广东省本科高校课程思政改革示范项目（示范课堂）：定向运动概述；2022 年肇庆学院质量工程：定向运动课程教研室（zlgc202222）；肇庆学院学术著作出版资助金资助。

目　　录

第一章　定向运动基本理论知识

从最初的军事运动发展到现在的体育运动，定向运动历经了许多坎坷才演变为今天主要以健身和娱乐为目的的运动项目。随着现代社会的发展和科学技术的进步，人们对定向运动的认识不断深化，定向运动的内涵也不断被丰富。研究定向运动的基本理论，能促使人们更好地认识与了解定向运动，进而更有利地推动定向运动的发展。

第一节　定向运动的起源与发展

定向运动起源的时间较早，至今仍在发展中。国际上也成立了一些定向运动的组织机构，并且每年都会举行有一定影响力的赛事，这对于定向运动的普及与发展是极为有利的。

19 世纪初，在欧洲许多国家，人们开始热衷于参加一些拥抱自然、回归自然的运动。人们在工作之余会带上地图和指北针长途跋涉进行多种形式的野外旅行活动。这种走进自然、亲近自然的运动方式逐渐被广大人民群众接受，为后来定向运动的形成与发展奠定了必要的基础。

1868 年，英国出现了一种与现在的定向运动"野兔和猎犬"游戏十分相似的运动。这种运动最初并未受到人们的重视，后来随着健身运动的流行，开始从英国向外传播，很快在欧洲其他国家盛行起来。这种游戏就是现代定向运动的雏形。

"定向"一词最早出现于瑞典，现代定向运动也是起源于 19 世纪末的北欧瑞典。1897 年 10 月 31 日，在挪威首都奥斯陆举行了世界上第一次公开的定向运动比赛。当时共有 8 名选手参加了此次比赛，主办方设置了 3 个检查点，比赛路线为 10.5 千米，第一名的成绩为 1 小时 41 分 7 秒。后来，这项赛事被认为是定向运动历史上的一座里程碑。在此之后，现代定向运动走上了快速发展的道路。

一、世界定向运动的发展

定向运动发展成为一项独立的运动项目是在 20 世纪初之后。1919 年，在瑞典斯德哥尔摩举行了一场具有深远意义的定向比赛，当时有 217 人参加，观众人数也较多，创造了当时的历史纪录，此次比赛获得了巨大的成功。自此，定向运动便开始作为一个独立的体育运动项目出现。1961 年 5 月，在丹麦首都哥本哈根成立了第一个国际定向运动组织，简称国际定联（英文缩写 IOF），这标志着定向运动的发展又上了一个新的台阶。国际定联经过全方位的调查和研究，制定出定向运动比赛的规则，并将其确定为世界统一的竞赛项目。在 1961 年，国际定联仅有 10 个成员国，经过几十年的发展，截至 2012 年年末，国际定联已拥有 193 个成员国，中国于 1992 年加入该组织，并获得了快速发展。

目前，现代定向运动在世界范围内发展势头良好，在原有的基础上向着更广泛的领域发展。1995 年，世界公园定向运动组织在国际定向运动联合会成功注册。该组织经过长期的考察和研究，创造了一种全新的定向运动模式，即定向运动不仅能在森林中举行，也可以在城市、公园和校园中进行。这种模式受到了社会各界人士的称赞，许多人开始参与其中，掀起了一股全民参与定向运动的热潮。另外，世界公园定向组织每年都会举行一定数量的定向运动精英巡回赛，满足了人们观赏的需求。由此，定向运动从森林走向了繁华的城市，得到了极大的普及与发展。

二、我国定向运动的发展

定向运动传入我国的时间是比较早的，台湾和香港是我国最早开展定向运动的地区。1978 年 4 月，定向运动传入我国台湾。当时任台湾"实践家政专科学校"的登山爱好者团体"绿野社"的指导老师——杜宗圣先生，在内湖山区首次组织学生开展了定向运动训练。这是定向运动在我国的开端。

1979 年 3 月，我国香港的定向运动爱好者成立了"香港野外定向协会"（后更名为香港野外定向总会）。自此，香港的定向运动也步入了正轨。1983 年，定向运动进入我国内地。同年 3 月，中国人民解放军体育学院在广州白云山上组织了首次定向运动比赛，吸引了众多定向运动爱好者参与，其中第一名选手仅用 2 小时 28 分 11 秒就在雨中完成了 10 公里的比赛路程。这充分说明我国的定向运动蕴藏着巨大的潜力。

为了进一步推动我国定向运动事业的发展，受中国测绘学会普及工作委员会的委托，中国人民解放军长沙地区军队院校协作区于 1984 年 4 月在长沙工程兵学院举办了我国首次全国定向运动骨干培训班。来自全国各地的众多定向运动爱好者参加了此次培训，培训者将定向运动先进的理念传播到全国各地，有效地促进了定向运动水平的提高。1991 年，我国第一部定向运动竞赛规则被制定出来，从此人们参加定向运动有了一定的保障。

近几年来，定向运动以其鲜明的特点和独特的价值，在高校校园中广泛开展起来，众多高校建立了定向运动选修课程，并且举办了一些定向运动竞赛活动，这极大地促进了定向运动在高校中的发展。经过多年的发展，我国高校中出现了一大批优秀的定向运动员和教练员。在我国广东、湖南、吉林、黑龙江、辽宁和浙江等定向运动强省的带动下，山东、四川、天津等地的定向运动水平进步明显。发展到现在，全国定向锦标赛和全国学生定向锦标赛已成为我国重要的定向运动赛事。参赛的运动员数量每年都居高不下，不仅推动了定向运动的发展，还拉动了当地经济的发展。定向运动是适合年轻人参与的运动，它具有自身独特的魅力及价值，参与人数越来越多，各地方院校和民间组织还组织了各种各样的定向运动赛事，深深吸引着人们的目光。2004 年 12 月，山东大学举办了目前国内参赛人数最多的定向运动赛事，此次比赛共吸引了 2 600 多人参与，受到了社会各界人士的广泛关注。2004 年 7 月，中国国家定向运动队成立，标志着我国定向运动的发展迈上了一个新的高度。

第二节　定向运动的概念、分类及形式

一、定向运动的概念

定向运动是指参加者借助定向地图和指北针，按组织者规定的方式合理地选择路线，按顺序到访地图上所标示的若干放置于地面上的检查点，以通过全程检查点用时较短者或在规定时间找到检查点得分较多者为胜的一种运动。[1]

关于定向运动，国内有不同的翻译名称，如定向越野、定向越野比赛、野外定向、识图越野、越野识图比赛等。近年来，由于定向运动在我国的普及和发展，定向运动一词逐渐得到业内人士的一致认可，并最终被中国定向运动协会确定为官方名称。

通常来说，人们参加的定向运动大都是徒步定向运动。一般在野外开展，如丘陵、森林地带，也可在城市郊区、城市中心、公园或校园中开展。定向运动参与者要想取得比赛的胜利，主要取决于几种能力，即快速识图用图的能力、熟练使用指北针的能力、快速辨别方向的能力、快速奔跑的能力以及较强的耐力素质等。定向运动参与者要想同时具备以上能力并不是一件简单的事情，需要长期地参加训练和比赛才能达成。除此之外，定向运

---

[1] 王翔，彭光辉，张新安，等. 定向运动[M]. 北京：高等教育出版社，2005.

动对场地的选择也有一定的要求，地形可以相对复杂难以辨别方向，但不能太危险，有野兽出没的区域也要尽量绕开，也就是说，必须保证定向运动参与者的安全，将安全放在第一位。

二、定向运动的分类

按比赛时间划分，定向运动可以分为日间定向和夜间定向。日间定向和夜间定向基本相同，但有少许的区别。通常情况下，只要对比赛场地和路线的安全性给予一定的限定，几乎所有日间定向运动都可以在夜间进行。根据日间定向的类型，定向运动可以分为以下两类。

（一）竞技性领域定向运动

从竞技性领域划分定向运动，主要是对国际赛事和世界各国大型赛事及国内 A 类和 B 类赛事常设竞赛项目进行分类，这些项目大都采用点对点的定向形式。根据比赛成绩计算方法、比赛性质、检查点设置和比赛持续时间可以划分为以下几种类型，如图 1-1 所示。

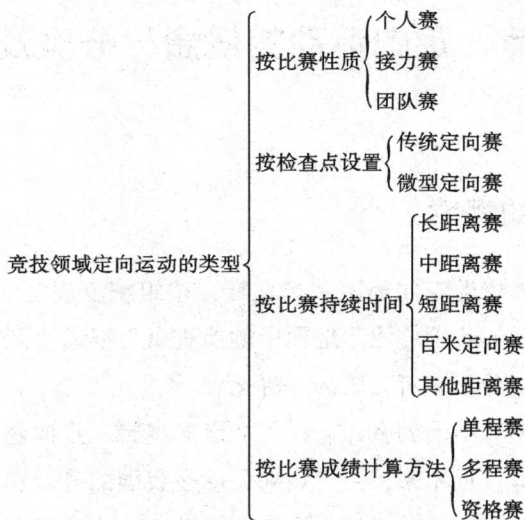

图 1-1　竞技领域定向运动的类型

传统定向赛是指传统的点对点定向。长距离赛、中距离赛、短距离赛和百米定向赛除比赛的持续时间不同外，各比赛项目还各具特色，如长距离赛强调耐力和路线选择，中距离赛强调速度和技术，短距离赛强调速度和路线选择，百米定向赛强调节奏、灵敏和路线选择等。以上 4 个项目是最常见的定向比赛项目。

单程赛以单一赛次的成绩作为最终成绩，总体来看，目前我国各类定向运动赛事绝大多数为单程赛。多程赛以两轮或多轮比赛的成绩之和作为运动员的最终成绩，如追逐赛。

资格赛指运动员通过一轮或一轮以上的分组预赛取得决赛资格，以决赛成绩作为运动员的最终成绩。例如，世界定向锦标赛的短距离赛、中距离赛和长距离赛。

（二）休闲、娱乐性领域定向运动

从休闲、娱乐性领域划分定向运动，主要是对现实中存在的定向运动进行分类。根据活动场地、活动性质、活动要素或活动结构可以将其划分为以下几种类型，如图1-2所示。

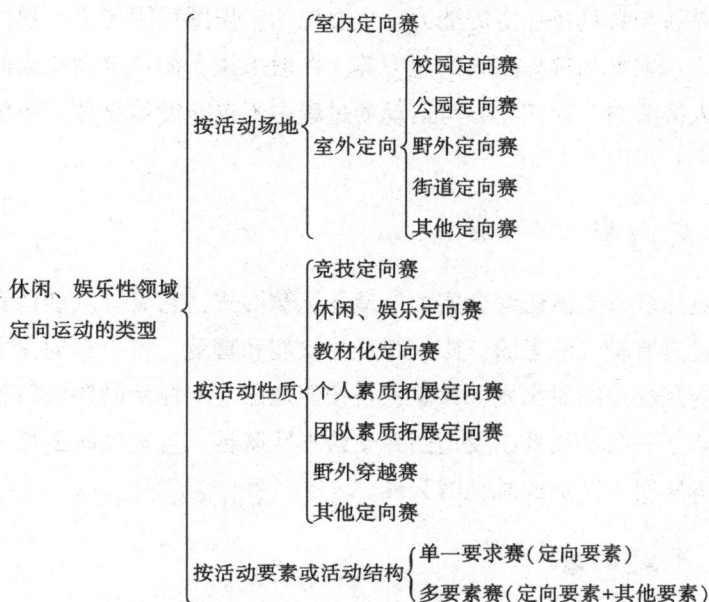

图1-2　休闲、娱乐性领域定向运动的类型

在休闲、娱乐性领域的定向活动中，定向运动组织者应根据活动对象的特点和需要，选择适当的定向运动形式，以便于定向运动爱好者参与。例如，利用定向运动进行团队素质拓展培训就应该采用团队定向的方式；要想获得良好的培训效果，可以将一些拓展项目融入团队定向运动中。另外，还可以在团队定向运动中最后一个必经点到终点的必经路线上，设置"求生墙"项目等来完善定向运动比赛。

三、定向运动的形式

按照不同的划分标准，定向运动有多种运动形式。按场地，可将其划分为野外定向赛、公园定向赛、校园定向赛、军营定向赛等；按时间，可将其划分为白天定向赛、夜间定向赛等；按比赛距离，可将其划分为短距离赛、标准距离赛、长距离赛等；按评定比赛名次方法，可将其划分为计时赛、积分赛等。

除此之外，近年来汽车定向赛、百米定向赛等一些形式比较新颖的定向运动也不断在国内出现，这是对我国定向运动的完善和丰富。定向运动以独特的竞争性与观赏性特点逐渐被人们认识和接受，发展前景良好。下面具体阐述一下定向运动的几种形式。

（一）徒步定向赛

徒步定向赛又被称为定向越野，是方法简单、开展最广泛的定向运动形式之一，深受人们的欢迎和喜爱。参与者只需要一张地图和一个指北针就能完成徒步定向的基本任务。徒步定向运动需要参与者具备一定的能力，主要包括：识图用图能力；熟练使用指北针的能力；良好的体能；判断和选择路线的能力等。一般来说，徒步定向运动的竞赛环境非常宽松，适合各类人群参与，人们在参与运动的过程中不仅能锻炼身体，还能获得较大的心理满足。

（二）接力定向赛

接力定向赛是体现一支队伍综合实力的最佳竞赛形式，它具有激烈的竞争性和较强的观赏性，对参与者具有较大的考验，深受观众的欢迎和喜爱。接力定向比赛的方法为：在比赛中同一组别的运动员同时出发，大家各自按照地图上所标示的路线行进，先完成比赛的运动员找到本队下一名队员的出发地图并交给本队队员，直至本队最后一名队员跑回终点。最后成绩以本队所有队员的总耗时为准。

（三）山地车定向赛

山地车定向运动比较时尚，它首先要求运动者必须掌握一定的山地平驾驶技巧，因为在运动途中必然会遇见山地崎岖的小路或丛林，因此，还要求运动者必须具备在恶劣环境中骑行的本领。另外，山地车定向运动的爬高量不是很大，路面相对平整，易于骑行。由于运动员需要在骑行中进行路线选择，因此对运动员的地图记忆能力要求很高。

（四）轮椅定向赛

起初，轮椅定向赛是专为伤残人士而设计的一种特殊的运动形式。其基本竞赛方法是在野外道路的两侧设置若干"检查点群"，选手们需要按照地图与"检查点说明"的指示，在每个"检查点群"处像做选择题那样，挑选出唯一正确的点标。发展到现在，这种方法并非只适用于伤残人士，从事定向运动的新手也可以采用此种方式进行训练，待熟悉基本技术后再采用其他形式。

（五）滑雪定向赛

滑雪定向赛是一种比较时尚的定向运动比赛，发展到现在，已成为国际定向运动会正式比赛项目之一。目前，滑雪定向赛在欧洲大部分国家得到了广泛的普及与发展。此项运动需要运动员借助滑雪器具来完成比赛。在同一比赛路线上通常设多条滑道供选手选择，由于运动员在滑雪过程中同时需要看地图，因此，该运动参与者必须具备一定的地图记忆能力和路线判断能力。

（六）百米定向赛

百米定向赛也是一个新兴的定向运动项目。所谓百米，并不是单指行进路线只有百米，而是指场地区域相对较小和赛程较短的一种比赛形式。百米定向赛对运动员的综合素质要求较高，要求运动员必须具备快速判断的能力、快速奔跑的能力和准确判断方位的能力。

（七）公园定向赛

公园定向赛是在城市公园、小城镇、居民小区或类似地形上举办的徒步定向比赛。曾经有一部分定向运动爱好者为定向运动加入奥运会作出了巨大的努力和贡献，虽然没有成功，但公园定向赛就在这样的形势下产生了。后来，把专门举行这个项目比赛的世界性组织叫作"世界公园定向组织 PWT（Park World Tour）"。由于那个时候电视转播技术并不是特别发达，在山林中运用传媒技术转播赛事并不现实，因此，PWT 试图在公园、城镇里举办定向比赛，这样就能够通过电视转播等直观、详尽的技术手段，较好地宣传和传播定向运动。

（八）夜间定向赛

夜间定向这种比赛形式是在夜间进行的，因此比较刺激，对人的胆量和意志力也是一种考验。由于夜间定向赛是在夜间进行的，需要运动员佩戴头灯或携带手电，这给此项运动增加了一定的难度，但同时也能刺激运动者的神经，给其带来强烈的心理感受。此类比赛设置的检查点较少并且相对简单。参与者还需携带用于察看地图的照明设备：它可以很小，如微型手电筒；也可以很大、很专业，如洞穴探险头灯等；还可以自制其他方便携带的照明装置。在 2005 年 7 月的全国锦标赛上，夜间定向作为一个表演项目首次在国内大赛中出现，引起了参与者的极大兴趣。

（九）积分定向赛

积分定向赛是定向运动中一种评定名次的比赛形式。该比赛形式要求运动员在地图上标注若干检查点，并根据点与点之间的难易程度或距离差异作分数标定，距离近或相对简单的点分值相对较低，反之则分值较高。积分定向赛是要求运动员根据自己的水平及技术特点合理地选择检查点，并在规定时间内自行寻找，以积分最高者为胜的一种定向形式。

第三节　定向运动的特点及价值

一、定向运动的特点

定向运动的特点有很多，适合不同年龄阶段、不同阶级、不同运动水平的人群参与，是一项集群众性、趣味性、知识性和竞争性等于一体的体育项目。总体来说，定向运动的特点可以归纳为以下几点。

（一）体力与智力高度结合

定向运动对人的综合素质要求较高，要求运动者必须具备出色的体能素质和智力水平。定向运动竞赛是在室外进行的，并且对比赛的距离有不同的规定。室外地形比较复杂，有时还会遇见难以辨认的道路，要求运动员必须具备快速判断路线的能力，因为比赛是在运动者奔跑中进行的，还要求运动者的反应力必须快，要具备快速反应、果断决定的能力，还要具备充分的独立思考、独立解决问题和困难的能力。

总之，定向运动是一项体力与智力高度结合的比赛项目，要求运动者在比赛过程中准确地判断运动方向，合理地选择运动路线，并且以最短的时间完成比赛。因此，运动者必须具备充沛的体力、顽强的毅力、丰富的知识、快速的决断能力，才能在比赛中取得胜利。

（二）知识性和趣味性共同结合

定向运动竞赛规则规定：参加者只凭地图和指北针，在陌生的地域中独立按照规定顺序寻找标绘在地图上的地面检查点。定向运动参加者除了要了解定向运动的基本规则外，还要掌握一些基本知识，如指北针的操作、定向运动地图知识、野外奔跑和捕捉检查点的基本技能等。只有具备了这些基本知识和能力，才能为参加定向运动比赛打下良好的基础。

作为一项体育运动，定向运动具备体育项目的所有共性，竞争性就是其中之一。伴随竞争性的是，定向运动要求运动者根据地图上的指示，选择运动路线，寻找各个检查点，独立完成整个赛程，这比单纯的耐力性体育运动比赛要有趣得多。因此，定向运动还体现出较强的趣味性特点。

(三) 人与自然环境紧密结合

定向运动是在室外进行的运动项目，因此，与自然环境是紧密结合在一起的。定向运动比赛一般选择在地形有一定起伏和有植被的树林、公园、风景名胜等环境中进行。参加者在大自然环境中，能充分地享受大自然所赐予人的魅力。在环境优美的自然条件下进行锻炼，不仅有利于身体健康，还能陶冶人的情操，另外，还可以帮助人们懂得如何在大自然中把握自己的行为、保护自然环境。总之，定向运动是一项人与自然环境紧密结合的运动项目，体现出人与自然和谐发展的理念。

二、定向运动的价值

(一) 强身健体

众所周知，定向运动是一项体力与智力高度结合的运动项目。它不仅能增强人的体质，陶冶人的情操，还能培养人机智、勇敢、果断的能力，另外，对培养和提高人的社交能力也有独特的作用。定向运动所具有的强身健体的价值主要表现在以下几个方面。

(1) 定向运动比赛一般是在室外进行的，在大自然环境下，复杂的环境因素普遍存在。定向运动比赛的距离在 2~3 千米，通过这项运动可以有效地锻炼参加者的速度、耐力、力量、灵敏等基本身体素质。

(2) 运动者在参加定向运动比赛的过程中，还要依靠指北针和地图寻找检查点，要快速地判断和选择正确的路线，因此，还能培养运动者独立分析问题和解决问题的能力，另外，对提高其逻辑思维能力也是很有帮助的。

(3) 定向运动使人投身于大自然中，在大自然的怀抱中，能使人放松身心，自我娱乐，融洽亲人、朋友之间的关系，进而增加乐趣，是一项社交性体育活动。

(二) 培养生活技能

人们要想在社会上更好地生活和立足，就必须具备良好的生活技能，并在此基础上进一步学习和掌握专业技能。在现代社会快速发展的今天，掌握基本的生活技能和专业技能对人们参与各种活动都具有重要的意义和作用。

人的基本生活技能主要包括走、跑、跳、投、攀、爬、提、悬垂等，这些基本生活技能在定向运动中都有所体现。人们可以通过参加定向运动来提高自己的生活技能，这是其他许多体育项目都望尘莫及的。定向运动对人的生活技能的培养是潜移默化的，人们通常在不知不觉间便有效地提高了自己的生活技能。

另外，定向运动具有简便易行、形式自由灵活的特点，适合各类人群参与，处于不同年龄阶段的人群都能找到适合自己的恰当的运动方式，因此迅速普及开来。

（三）认知自然环境

一般来说，环境可分为自然环境和社会环境两种。自然环境是指可以直接或间接影响人类的一切自然形成的物质和能量的总和，主要有空气、土壤、生物、岩石、阳光等。自然环境是人类赖以生存和发展的基础，与人的关系极为密切。而定向运动是在室外进行的一项亲近大自然的运动项目，运动者在参与运动的过程中，可与大自然建立亲密的关系，促进人与自然的和谐发展，进而建立正确的自然观、人生观和价值观。可以说，热爱和参加定向运动的人几乎都是环保主义者，都是关爱生命、关注健康的践行者。

目前，定向运动在我国得到了一定程度的普及和发展，参与定向运动的人越来越多，在这样的形势下，人们的环保意识逐渐加强，在近几年的全国定向运动比赛中，破坏自然环境和随意丢弃垃圾的现象也在逐渐减少。这是定向运动所带来的价值和作用。

第四节　定向运动的必要装备

一、定向地图

与一般地图相比，定向地图更加准确和详细，能使定向运动参加者更容易对照地图上的符号标记与实际地形中的实物，根据一张标准的定向运动地图上所规定的线路，自己自由选择行进的路线。

通常情况下，定向地图主要分为普通地图和专题地图两种。普通地图的内容相对丰富，是一种能详细地表示制图区域内各种自然和社会经济现象的地图，主要包括平面图、地形图和地理图3种。专题地图是在普通地图的基础上，只对专题内容作详尽表示，而对其他地理信息则简化处理或选择相关的内容予以表示的地图。

定向地图对于运动者参与定向运动来说是非常重要的，它是运动者参与定向运动的必要物质基础。运动者一定要了解并熟练运用定向地图，并将影响路线选择的各种因素都在定向地图上标示出来，如地貌和地表状况、可奔跑性、道路网、建筑群与独立房屋以及有助于判定方向与确定点位的地物等。一张标准的定向地图，应包括比例尺、等高距、各种地物、地貌符号等基本内容。

（一）定向地图比例尺

1. 比例尺的定义

所谓地图比例尺是指地图上某一线段的长度与相应实地的水平距离之比，实际上是指地表现象的缩小程度。其公式表示如下。

$$地图比例尺 = 图上距离/实地距离 = 1/L$$

在定向地图中，L是指地图上单位长度所代表的实地水平距离。由此可知，比例尺分式中的分母越小，地图比例尺就越大，地图上描绘的内容就越详尽；分母越大，地图比例尺就越小，地图上描绘的内容就越简略。

定向地图上的比例尺通常为1∶15 000或1∶20 000，当需要时也可采用1∶10 000或1∶25 000。在定向地图中，比例尺越大，图上量测的精度就越高；比例尺越小，图上量测的精度就越低。

2. 比例尺的表示形式

在定向地图中，比例尺的表示方式主要有3种，即数字式、图解式和文字式。可根据具体情况使用。

（1）数字式：用阿拉伯数字表示，例如1∶10 000或1/10 000。

（2）图解式：用图形加注记的形式表示，例如图形上的直线比例尺（图1-3）。

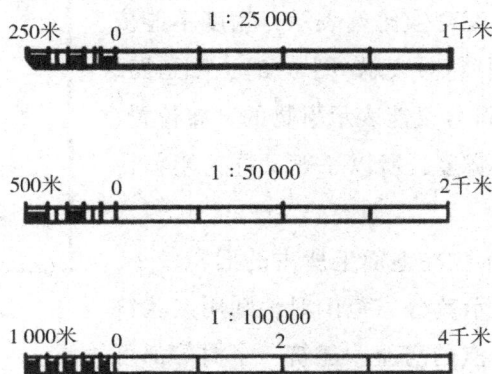

图1-3　图解式比例尺

定向运动地图上的比例尺，一般用数字式表示；个别地图用数字式表示，并绘有图解式比例尺。

（3）文字式：用文字注解的方式表示，例如"万分之一"。

3. 数字比例尺的换算

以比例尺1∶10 000为例。比例尺1∶10 000是指陆地的实际面积是地图上对应部分的

10 000 倍。比例尺 1∶10 000 说明地图上的 1 毫米相当于实际地形的 10 000 毫米(10 米)。

4. 比例尺在定向越野中的作用

在定向运动中,比例尺的主要作用是量算实地距离。通过比例尺我们还可以了解地图的精确程度。众所周知,比例尺越大,地图上所描绘的内容就越详尽,精度就越高;比例尺越小,地图上描绘的内容就越简略,精度就越低。了解比例尺的这一特点,对我们阅读地图和利用地图有很大帮助。

在定向地图上,地面上的各种地物都是用形状不同、大小不一、色彩有别的符号表示的,它们不仅具有确定客观事物的位置、数量及分布特征、质量特征的基本功能,还具有相互联系和共同表达地理环境诸要素总体特征的特殊功能。

(二)定向地图上的地物符号

1. 符号的分类(按符号所代表的事物情况来分)

(1)面状符号:地面事物呈面状分布,当实际面积较大,按地图比例尺缩小后,仍能表示出其分布范围时,用面状符号表示(图1-4),如大的湖泊、大片森林、沼泽等。这种符号能表示事物的分布位置、形状和大小。一般把这种符号称为依比例符号。

(2)线状符号:地向上呈带状或线状延伸的事物,当按地图比例尺缩小后,长度可依比例表示,宽度不能依比例表示时,在图上用线状符号表示(图1-5),如道路、输电线、河流等。由于此符号仅能表示事物的分布位置、长度和形状,不能表示其宽度,所以一般又称为半依比例符号。

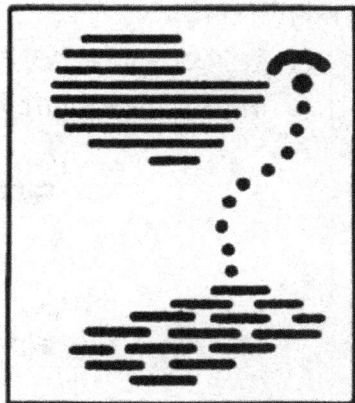

图1-4　面状符号

(3)点状符号:客观事物在地面上所占的面积较小,在地图上不能按比例尺表示其分布范围时,则用点状符号表示(图1-6),如居民点的房屋、建筑、小树等都可以用点状符号表示。由于此种符号只能表示事物的分布位置,而不能表示其形状、大小等,所以又被称为不依比例符号。

2. 符号的构成要素

(1)符号的图形。符号的图形主要用于表示地理事物性质上的差别。符号图形主要有3 种:面状符号、线状符号和点状符号。面状符号中的图形与事物的实际形状相似;线状符号中的图形为不同形式的线,如双线、单线、实线、虚线等。点状符号中的图形比较简单,大多数为简单的几何图形或象形图形。

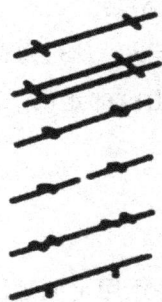

图 1-5　线状符号　　　　　　图 1-6　点状符号

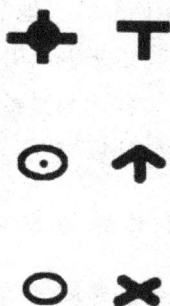

符号图形具有图案化和系统化的特点。所谓图案化，就是指符号图形和事物本身比较类似，这种图案化的形象比较简单、直接，便于展开联想，从而联想出实际事物的形态。符号图形系统化，是指各种符号图形具有内在的联系，通过图形的变化，可以把事物的量和质等特征表现出来。符号图形系统化表现为同类事物的符号图形相类似。

（2）符号的大小。符号的大小主要反映事物的重要程度及数量差异。通常情况下，表示重要的、数量多的事物的符号要大些；反之，则小些。

为了便于运动者查看复杂的地形，定向地图必须清晰和准确，因此，国际定联规定了定向图符号的最小尺寸以及当它们相互靠近时的关系处理原则与最小间隔。一般来说，定向地图符号的大小、线条的粗细、符号间最小距离的规定，都是以日光条件下的正常视力和当今的印刷技术水平为依据制定的。

（3）符号的颜色。符号的颜色主要表示事物的质量差异、数量差异和区分事物的重要程度。一般用不同颜色表示质量的差异，如用蓝色表示水系，用绿色表示植物；用同一（或相邻）颜色的深浅表示数量变化，如用深浅不同的绿色表示森林，颜色越深，则表示森林越密。

定向地图常用的颜色与其所代表的含义如下。

①白色表示容易通过的森林区。

②绿色代表浓密、不易通过的森林，绿色越深则越难通过。

③棕色表示不同的海拔/等高线，如高山、峡谷、低压带、山脊、凹地、小丘、深渊和主干道及坚硬的路面。

④黄色代表开阔地，如田野、牧场或空旷区。

⑤蓝色象征任何有水的地方。

⑥黑色代表任何人造物体，如建筑物、围栏，还代表小路、小径、输电线、岩石、悬崖峭壁和大石头。

⑦黄绿色是私宅区域，禁入，如民宅、私家花园或草坪。

⑧红色/紫红色表示南北线，地图上指北的粗线及路线。

定向地图是利用等高线来表示山的形态及起伏状态的。通过等高线，我们可以了解某个地形的地面起伏特征、各地的高差等，还能分析出山脉的走向、斜坡的坡度和方向等，另外，还可以做一些坡度计算等。

（三）定向地图上的地物标志性

运动者要想更好地参加定向运动，就必须具备熟练运用定向地图的能力。在地物稀少的地方及森林中，地貌起着非常重要的作用，它是主要的甚至是唯一的行进参照物。因此，在定向运动中，只有地貌才是最经常、最稳定、最可靠的向导。下面重点介绍一下用等高线显示地貌的原理和相关知识。

1. 等高线显示地貌的原理

等高线是地面上高程相等的点所连成的闭合曲线。按"平截法"，假设把一座山，从底到顶，按相同的高度，用一层一层的水平面横截，则山的表面与水平面相交得到一组曲线，再将这些曲线垂直投影到地平面上，得到一圈一圈的曲线图形。因为每条线上各点的高度恒等，所以把这些曲线叫作等高线。按另一种"淹迹法"，假设淹没小山的海水按一定间隔的高度间歇地退落，在每次间歇期内海浪击蚀山体都留下一圈闭合的水涯线痕迹，水迹线上各点的高程相等，则此线即为实地可见的等高线。这一层层闭合的水迹线正射投影到海平面上得到的一组闭合曲线即为图面上的等高线(图1-7)。

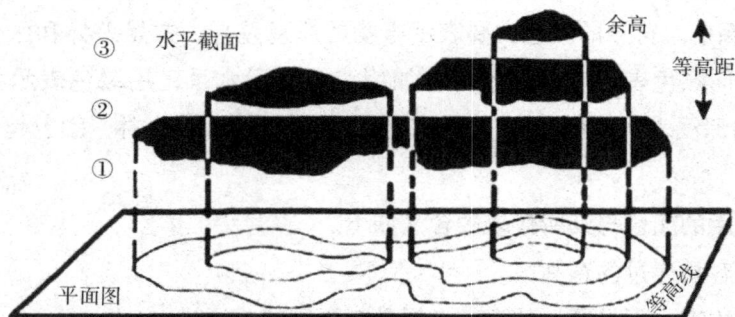

图1-7 等高线显示地貌

2. 等高线显示地貌的特点

(1)地图上的每条等高线都能准确地描绘出地貌的水平轮廓和起伏状况。

(2)等高线是一条闭合的曲线，同一条等高线上任一点的高度都是相等的。

(3)同一地图上，等高线的画法不同，表示不同的意义。等高线多，说明山高；等高线少，说明山低；等高线稀，说明坡缓；等高线密，说明坡陡。

（4）同一地图上，等高线间隔大，表明坡缓；等高线间隔小，表明坡陡。

除此之外，定向地图上等高线的弯曲形状与相应的实地地貌也是相似的。

3. 示坡线

示坡线是指顺着下坡方向绘制并与等高线垂直相交的小短线（图1-8）。一般来说，示坡线通常绘在等高线特征最明显的弯曲处，如山顶、鞍部或凹地底部。通过示坡线，定向运动参与者可以了解整座山的起伏状况，如哪里坡缓、哪里坡陡等。另外，在定向地图上顺着示坡线的方向为下坡，逆着示坡线的方向为上坡。

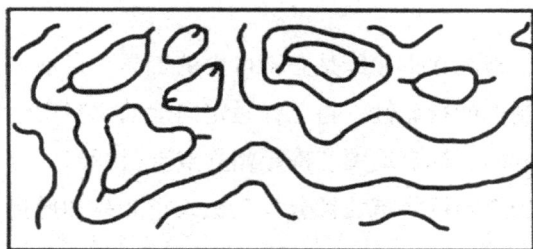

图1-8　示坡线

4. 等高距

等高距是指各相邻等高线的高程差，常用 h 表示，其大小决定着地貌表示的详略程度。同一地形，等高距越小，则等高线越密，地貌显示越详尽；相反，等高距越大，则等高线越稀，地貌显示越简略。在定向运动中，国际定联有如下规定：定向越野地图的标准比例尺为1：15 000，等高距5米；在大面积的平缓地形，其他地物不多的情况下，也可以采用2.5米的等高距，如图1-9所示。

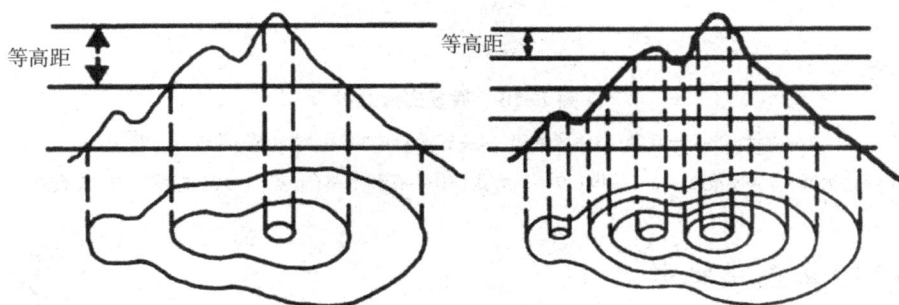

图1-9　等高距图例

二、定向行进路线

在定向地图上标有定向运动路线，一条定向路线一般包括一个起点（用三角形表示）、一个终点(用双网圈表示)和一系列的检查点(用单网圈表示)。由起点至终点,将上述点用直线连起来,并给每个检查点标明编号(1、2、3、4……)。在定向运动比赛过程中,运动员必须按照检查点编号的顺序依次打卡,如1、2、3、4……,漏打或顺序错误均视为成绩无效;如果运动员在比赛过程中漏打点,如1、2、3、5、6……,那么该运动员必须重新返回漏打的第4点,之后重新打5、6、7……,而不能只单纯地补打第4点。在定向运动比赛中,检查点可用于检验运动员是否按规则跑完全程,检查点应在地图上准确地表示出来。

三、指北针

在参加定向运动时,地图和指北针是必不可少的工具。目前,国际定向越野比赛常使用由透明有机玻璃材料制作的指北针。指北针是定向运动比赛中运动员唯一可以使用的合法工具,其作用是辨别方向、标定地图、确定站立点与目标点的方向等。在定向运动比赛中,根据选手使用方式的差异可将指北针分为基板式指北针和拇指式指北针两种。

(一)基板式指北针

基板式指北针如图1-10所示。

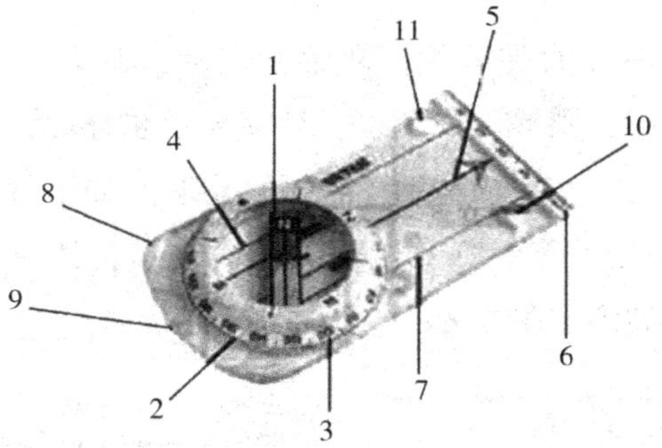

图1-10 基板式指北针

1—磁针;2—分度盘;3—读数线;4—充满液体的磁针盒;5—前进方向箭头;
6—比例尺;7—照准线;8—基板;9—系绳孔;10—标图工具(起点);11—标图工具(检查点)

(二)拇指式指北针

拇指式指北针具体可参考图1-11。

一般来说,拇指式指北针套在运动者左右手的拇指上。在西方国家,由于很多人是左撇子,因此,国际著名的指北针生长厂家瑞典的Silva公司专门设计出了适合左撇子选手的拇指式指北针。

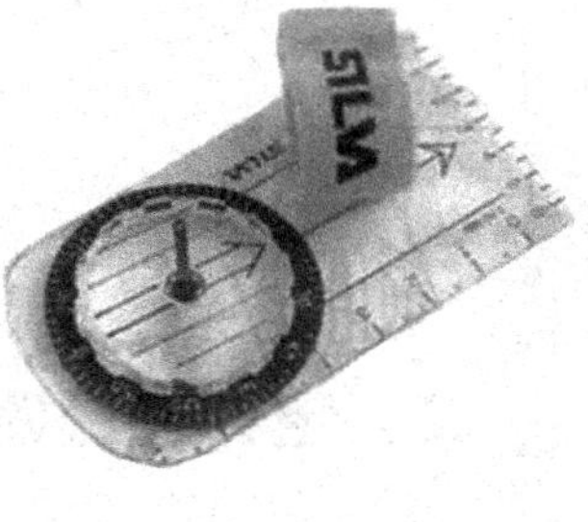

图1-11 拇指式指北针

四、点标旗

在定向运动比赛中，运动者根据定向地图提供的有效信息，利用指北针快速判断和确定行进的方向。运动者在比赛过程中，在实际地形中要寻找一个橘黄和白色相间的点标旗，该点标旗准确放置在地图标示的地点圆圈的中心点。悬挂点标旗的方法主要有有桩式和无桩式两种。悬挂高度一般从标志旗上端计算，距地面80～120厘米。

五、电子打卡

在定向运动比赛中，打卡器是赛事组织者必须准备的，它不仅能证实运动员正确通过检查点，而且能同时记录运动员通过检查点的各段时间。目前，国内外大型定向比赛一般多选择利用电子打卡系统打卡。

(一)钳式打卡器

钳式打卡器一般用弹性较佳的塑料材料制成，一端装有钢针，另一端装有橡胶垫（图1-12）。每个打卡器的钢针组合图案都不相同，运动员可在记录卡上打孔，也可直接将孔打在地图上的记录卡上。这种打卡器价格便宜，使用方便，比较适用于定向运动小型比赛。

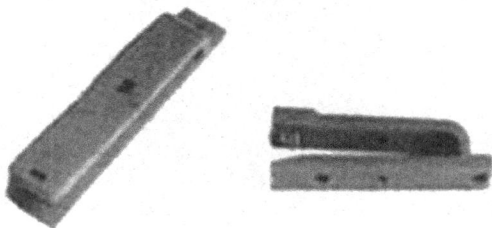

图1-12　钳式打卡器

(二)电子打卡计时系统

目前，国内外大型定向运动赛事普遍采用先进的电子打卡计时系统。使用电子打卡计时系统，不仅使运动员的打卡操作变得更加容易，组织者工作变得更为简单，也使比赛更公平公正。Sportident和Emit以及国内的Chinahealth电子打卡计时系统都是目前知名的品牌。

六、个人装备

(1)衣裤：在定向运动比赛中，运动员可根据自己的喜好来选择服装，并没有规定参加定向运动比赛需要穿什么样的服装。通常情况下，应选择轻便、舒适，易于活动，紧身而不致影响呼吸的服装。服装过紧或太厚均不适合野外跋涉。另外，最好穿面料结实的长袖衣和长腿裤，甚至使用护腿。

（2）鞋：定向运动比赛中，运动者应选择轻便、柔软又结实的运动鞋。定向距离比较远的比赛，可穿旅行靴以保护脚腕；富有比赛经验的运动员可穿上比赛正式运动鞋。为便于上下陡坡、踩光滑的树叶或走泥泞地，鞋底的花纹最好是高凸深凹的。

（3）号码布：号码布面积一般不超过24厘米×20厘米，号码数字的高不小于12厘米，字迹要清晰，字体要端正。正规的比赛还要求将号码布分别佩戴于前胸及后背。

（4）护腿：采用弹性面料及泡沫材料制成，防止在定向比赛奔跑过程中小腿被树枝等碰伤，并保护腿不被蛇、虫咬伤。

第二章 定向运动教学理论探索

定向运动是近年来从国外传入我国的一项新潮运动，它以开放、自然和休闲的运动特点迅速被我国众多运动爱好者熟知。如今，我国各级学校和定向运动协会组织的定向活动越来越多，参与这项运动的人数也不断增加。本章主要从定向运动的教学理论方面入手研究，以期为定向运动的教学活动提供参考。

第一节 定向运动教学的基本理论

一、定向运动教学目标与教学重点

（一）教学目标

1. 掌握定向运动的基本理论和技术

在学习一项运动时，不仅要学习到这项运动最具特征的技术，还要认真学习该运动的相关理论知识。这是由于任何体育运动都是理论与实践相互结合、相互促进的，只懂实践不懂理论可谓"傻把式"，而只懂理论不懂实践则可谓"假把式"。因此，只有理论和实践都有所掌握，才能运用理论指导实践，并通过实践获得的经验反哺理论，理论和实践是一种相互促进的关系。

2. 具备定向运动课程的四种能力

通过对定向运动的了解和练习，可以基本达到定向运动参与者的 4 种能力，即具备基本教学能力、业余训练能力、竞赛组织能力以及健身的指导与管理能力。

3. 达到促进身体素质和心理素质发展的目的

定向运动对身体体能和心理素质都有很高的要求，若没有良好的身体素质，则不能在比赛中用最短的时间完成赛程。同时，若没有良好的心理素质，在比赛过程中遇到迷路或错打点的情况时可能导致心态失衡，产生焦躁情绪，以致出现一错再错的情况。因此，定向运动不仅可以全面发展人在自然环境中的走、跑，以及在走跑中动脑思考等基本能力，也能培养人们形成良好的意志品质、创新能力、独立思考能力、独立处事能力、合作精神和开拓进取精神。

4. 培养终身体育的观念

随着现代科技的发展，人们的生活越发便捷，这也在一定程度上加大了人的"懒惰"程度，由此就产生了许多健康问题。针对这种问题，"终身体育"的观念被提了出来。培养终身体育观念，让人们从教育、竞技、娱乐休闲、健身及文化特征等方面充分了解定向运动，理解定向运动对人的生活和工作的价值，认识定向运动的地位和作用，树立正确的学习态度，最终力求培养人们"终身体育"的价值观。

（二）教学重点

为能够顺利达成上述教学目标，在定向运动教学中要把握好下列教学重点。

1. 重视对运动的理论、技术和方法的教学

重视对运动的理论、技术和方法的教学，实际上就是为了让练习者达到全方位了解定向运动的目的。这种教学是全方位的，而不单是理论的研讨或技术和方法的模仿。

定向运动包含的内容很多，需要参与运动的人具有非常全面的素质。从技术的角度来说，定向运动与其他运动不同，它的技术动作较少，更多涉及奔跑和攀爬，这些动作也不属于定向运动的专属动作，而关于定向运动技术方面更多的内容则在于人对辅助读图技术的掌握，另外，还有专属定向运动的折叠地图和拇指辅行技术，还包括打卡技术中较高的动作技能部分等。由此可见，定向运动的技术更多是以认知成分为主，以身体的动作技术为辅，这种认知技能的掌握则建立在不同场地中反复实践的基础上。

2. 突出教学内容的系统性

在重视对运动的理论、技术和方法的教学过程中，还要注意教学内容的选择应系统、全面，以便让练习者更详尽地了解定向运动知识和技术体系的层次结构，这样才能使练习者在定向运动中获得更好的发展。

3. 培养定向运动的教学能力或社会体育指导能力

在我国，定向运动近年来已经逐渐被越来越多的人知晓，而且参与这一运动的人数也逐年增多。与参与这种运动的人数相比，相应的专业定向运动指导人员则显得非常匮乏。因此，定向运动课的教学重点应该放在为培养未来的体育教师、社会体育指导员、教练员而服务。因为只有拥有充足的专业教练为定向运动爱好者提供最正确的学习方法，才能使

更多的人参与到这项运动中，才能正确地了解这项运动对身心发展的益处。

4. 开展以小组为单位的教学方法

定向运动的运动组织形式多样，有时是个人制，有时是团队制。个人制侧重于对个人定向运动技术的考验，而团队制则侧重于考查整个小组的综合实力和团队成员之间的互帮互助能力。因此，在定向运动教学中会更多地使用分组教学方法。适合小组教学的内容包括课前场地布置、教学安全、团队赛、接力赛及团队素质拓展等。除此之外，诸如地图测绘和路线设计等内容以小组学习的形式进行，教学效果和效率均能达到较高水平。

5. 培养定向运动创新能力

创新是一项运动向前发展的必经环节，因此，对于定向运动的创新也是教学重点。在《课程方案》和《专业规范》中，关于培养规格的规定均突出了培养体育专业练习者创新能力的内容。书中对于培养定向运动创新能力的定义为，以培养练习者围绕定向运动的独特特征对定向运动的形式、内容和实际应用的创新能力。

二、定向运动的教学原则

要想在教学中获得良好的效果，就必须使教学在一定原则下进行。这种原则是在一定的符合运动规律和运动实践的基础上总结归纳而成的，是正确开展教学工作的保障。

定向运动的教学原则在体育教学论的基础和教学实践的发展过程中不断地得到补充和完善。一般在定向运动教学中经常遵循的教学原则主要有直观性原则、循序渐进原则、自觉积极性原则、从实际出发原则、巩固提高原则、全面发展原则和运动负荷适当原则。

(一)直观性原则

直观性原则，是指教师在定向运动教学过程中选择多种直观类教学方法进行教学，使练习者通过多种直观感受对教学内容中的某个环节或整个过程获得良好的感性认识。定向运动的直观性教学主要体现在教学方法的直观性上，如教师在教学过程中使用的示范法、纠错法，或是借助其他教学器材，如视频、图片、仪器等。这些多样的直观教学方法起着互补作用。具体到课堂练习时，教师可边做边讲，以增加练习者的直观感受，特别是对地图、指北针或其他相关运动仪器的使用方法，应让练习者很直观地了解和学习。

另外，直观性原则还体现在，如果练习者在练习过程中对某项技术的操作出现明显错误时，教师应及时通过纠错法来纠正，以使练习者直观地获知他们错在哪里和如何改正。教师在做纠正法教学的过程中，还可以向练习者提出一些启发性的问题，以此达到使生动的直观、抽象的思维与具体的练习相结合的目的，以便更快地使练习者获得正确的技术表象，准确地感知技术动作全貌和各技术环节之间的结构，加深对整体技术的理解，最终达到准确掌握各项定向运动技术的目的。

（二）循序渐进原则

循序渐进原则，是指教师在定向运动教学中选择的教学内容、教学方法、教学步骤和运动负荷的安排要遵循由易到难、由简到繁、逐渐深化的规律。只有遵循这一原则，才能使练习者扎实、顺利地掌握相关知识和技能。

循序渐进原则的具体内容包括以下两个方面。

1. 循序渐进地安排教学进度

尽管定向运动在国外已经较为普及，但是它传入我国的时间还不算长，对于众多运动爱好者来讲，它仍旧是一项新兴项目。对于一项新兴项目的发展，普及度和宣传度是关键，它直接影响人们对该项运动的认识和感知。另外，定向运动是一项考验参与者智力和体力的实践活动。因此，在考虑实践课程讲解次序性的同时，还要安排好理论课的教学进度和步骤。理论课的安排要重点关注教学单元之间的先后顺序，以及理论课与实践课之间相互支持的关系。例如，在理论教学中关于定向运动概述的内容应安排在课程的一开始，而不是急于向练习者介绍他们关注的许多仪器的使用；此后才开始针对地图、指北针、点标卡的使用的教学；最后讲授一些实际运动中可能会遇到的问题等。

定向运动的竞赛、组织以及场地设计等实践内容应安排在课程的后期，其目的在于可以让练习者在充分掌握理论、技能的前提下，尝试将所学到的东西运用到实践中。如此一来，既充实了教材内容，又提高了练习者的学习积极性，可谓一举多得。

2. 循序渐进地选择教学内容和教学方法

体育实践类课程的教学，包括理论部分与实践部分。作为教学基础的教学内容和教学方法，是决定教学效果的关键因素。因为在教学过程中，每一个学习个体的能力不同，如有些人对于理论知识学习得较快，但实践能力不强；有些人对理论教学不感兴趣，但是对于方向的辨认和读图能力超群等。除人的个体因素外，在选用教材内容的难度时还要考虑学习者总体的理解能力和接受能力，如在针对青少年群体的教学中可以将理论知识讲解得浅显易懂，尽量避免过多难以理解的理论，然后在实践部分多下功夫；对于中青年人群则可以将理论部分讲解得细致一些等。此后，在技能课的教法步骤与方法选择上，应先从简单易懂的地理环境开始。随着教学对象水平的提高和对技术的掌握越发娴熟，可逐渐加大运动场景和读图的难度，以及增加跑动距离等，使练习者循序渐进地加深理解和认识，学习和掌握更高水准的理论知识和技术技能。

（三）自觉积极性原则

自觉积极性原则，是指在教学过程中要注重培养练习者对于运动的兴趣，并使其逐渐形成自愿参与运动的观念。要想做到这点，就需要重点从以下两个方面入手。

1. 端正练习者的学习态度

定向运动涵盖的内容比较丰富，是一项集智能、体能于一身的运动。它是一项可以以个人或集体为单位的实践体验项目，在运动中既可以感受到乐趣，也可以感受到通过团队协作和彼此沟通最终达成目标的成就感。因此，在学习定向运动时，应先从基本理论和技能着手，让练习者在实践中学习它、认识它，并不断在体验中感受到快感和乐趣。教师在这个环节中一定要选择恰当的教学方法和富有激情的风格，让练习者们真正感觉这是一项阳光、活泼、动感的新潮运动。这在很大程度上可以激发他们的学习动机，端正他们的学习态度，如此才能使练习者更乐于参与到定向运动中，寻找愉悦感、成就感等多种身体和心理的需求。

2. 提高练习者的学习兴趣

兴趣是最好的"导师"，对练习者学习的动力有着极大的促进作用。一些运动必备的创造性思维都是在本身对运动具有极大的兴趣中获得的。从实践角度上讲，兴趣可以促进练习者更快地掌握各种复杂的技术，促使教学效果得以进一步提高。但这不仅需要练习者自身的努力和主观能动性，也需要教师在教学过程中，制定出合理的、能激发练习者兴趣的内容和讲课方法，以此加深练习者对该项目的理解，调动他们的思考能力以及对运动创新的积极性。

（四）从实际出发原则

从实际出发原则，是指教师在定向运动教学中对于教学内容或教学方法等的选择要尽量符合学习者的年龄层次和身体发展水平等实际状况。脱离练习者实际情况的教学，无论本身水平多高，都不会产生很好的教学效果。

遵循从实际出发原则，可以从以下两个方面入手。

1. 根据实际情况组织课堂教学

对练习者实际情况的掌握需要教师在课前进行，如在正式课程开始之前与练习者进行一定的沟通，力求以此种方法掌握练习者对定向运动的认识水平等信息。只有大体了解了上述信息，教师在制订相关教学计划时才更具针对性，才能有的放矢地组织教学。例如，教师会根据练习者的接受能力，确定教材内容的深度；根据练习者身体素质水平或对于新技术的接受能力，决定在课堂练习中降低或提高对某一技能环节的要求标准。

2. 根据个体差异情况组织课堂教学

定向运动一般以集体授课的模式进行(一些定向运动俱乐部活动除外)，因此，教师设计的教学计划都是由整个团队的平均水平决定的。但在实际教学中总会遇到表现突出的部分练习者和明显对所学内容有困惑的部分练习者，如此就表现出了个体差异性。那么，为了把握好教学尺度，争取让每名练习者都能很好地学习定向运动，感受其中的乐趣，教师就需要针对不同练习者群体制订一些差异化的教学计划。例如，可以在课时任务、内容、组织教法和运动负荷等方面制定出不同标准等。其中，对那些掌握较快的练习者，可适当提高要求；对掌握较慢的练习者，则应相应降低动作难度、减少负荷强度，以此继续保持他们对定向运动的热情，不致产生厌烦心理。

（五）巩固提高原则

巩固提高原则，是指练习者能牢固地掌握定向教学内容中的基本理论和基本技能，并在此基础上不断提高，为将来更艰苦的定向越野和野外生存打下良好的基础，为挑战自我、挑战大自然、挑战极限创造良好的条件。

在定向运动教学中，教师要组织练习者进行一些看似较为枯燥、反复的练习内容。较多的重复练习实质上能促进练习者对技能的掌握、巩固和提高，只有在这种重复中，练习者才能建立正确的思维方式和跑动节奏，才能进一步巩固和提高所学的技术、技能。教学过程中，要防止单纯追求教学进度而忽视运动技能的掌握和提高的倾向。

（六）全面发展原则

定向运动包含对人的智能和体能的双重考验，经常参与定向运动可有效促进人的身心得到全面发展。

1. 定向运动对人生理的促进

定向运动一般是在奔跑和攀爬中进行的，有些大型定向运动的场地面积广阔，地形多变，有时需要耗费很长时间，这显然是对人体体能的考验。经常参加定向运动会使练习者的力量、速度、耐力、柔韧、灵敏等素质获得全方位的发展。例如，短距离定向运动更趋向于依靠人的无氧能力；长距离定向运动更趋向于依靠人的有氧能力；中距离定向运动则依赖有氧与无氧结合的能力。

另外，定向运动在奔跑中还要进行读图、选择路线等认知活动。练习者无法轻易预测奔跑时路线和地表状况的临时性、多变性，这在无形之中加大了身体运动的负荷。

2. 定向运动对人心理的促进

定向运动又是一项休闲娱乐性项目，它可在教室、操场、校园、公园、小树林等环境中进行。在自然地形中，奔跑是一种十分有效的，发展心肺功能，锻炼肌肉协调性、灵敏性、柔韧性和平衡能力的方法。另外，相较于一般的跑步活动，定向运动的乐趣增加了活动的吸引力。参与者的主动性和积极性更高，运动时间和距离更长，对身心的发展十分有益。

3. 定向运动还能在运动中增长知识和技能

与定向运动相关联的学科有很多，如地理学、地图学和多种定位仪器的使用方法等。

地图与指北针的使用方法本应属于人类生活中最基础的方法，然而在现代能灵活使用这些定位器材的人已经越来越少了，应该说是人的某方面能力下降的一种表现。定向运动则主要以地图和指北针作为定位工具，通过运动在休闲娱乐和健身中学习并掌握地图和指北针的使用方法，提高适应野外生存、生活和工作的能力。除此之外，通过定向运动还能学习和应用自然地理学和环境学方面的知识，从而使有关知识得以拓展，更加丰富对世界的感知，从而使身心得以全方位的提升和满足。

（七）运动负荷适当原则

运动负荷适当原则，是指在定向运动中，教师安排的与实践相关的教学任务和教学条件等内容要以练习者的平均水平为基础。

影响运动负荷的因素是负荷量和负荷强度。负荷量，是指完成练习的次数、数量、时间、距离和重量等。负荷强度，是指在单位时间内完成练习所用力量的大小和集体的紧张程度，包括练习密度、练习时间和跑动速度等。

负荷量和负荷强度在定向教学中应是相互配合的。教学过程中，为了熟悉地图的阅读和器材的利用方法，负荷量和负荷强度都会相对小些。在适应和掌握了上述技能后，应逐步增加负荷的强度。这样在负荷量和负荷强度交替增加和减少的过程中，使练习者的兴趣、爱好得以更好的激发，并能起到强身健体的功效，利于项目的进一步开展。

第二节　定向运动技术教学方法与练习手段

一、定向运动技术教学方法

许多体育运动类教学的方法都有一定的共性。定向运动作为体育运动，也适用一般的体育教学方法，具体包括语言法、示范法、完整教学法和分解教学法等。另外，由于定向运动作为新兴体育运动传入我国，因此，对于这项运动的教学应该选择新型的教学方法，如自主学习法、探究式学习法和合作学习法等。

对于定向运动来讲，最重要的教学方法莫过于完整教学法和分解教学法。首先用完整教学法让教学对象在体验定向乐趣的过程中首先熟悉地图符号、地图持握技术、利用特征标定地图及拇指辅行技术，然后采用分解教学法学习指北针技术、路线选择执行技术。下面具体分析这两种教学方法在定向运动教学中的实际用途。

（一）完整教学法

完整教学法在定向运动中的运用非常普遍，如在练习者开始前几次定向运动之前，应安排一些持图走之类的练习，以此更真切地向初学者介绍地图图例、正确的地图持握法、利用实地特征标定地图的方法，以及拇指辅行法等基本的定向运动技术。

1. 持图走路线的选择

持图走的路线应尽量选择那些在图例中较有典型对应性的路线，以此让初学者方便地学习标定地图方法和拇指辅行技术。在实际应用时，通常首先选择具有线状特征的路线作为持图走路线。

2. 路线设计

路线设计的目的在于使初学者在定向运动中掌握地图图例。因此，为初学者设计的路线应该相对简单一些，如只需沿着道路、小径、各种植被特征边缘及其他熟悉的地物特征寻找检查点的路线，并且应该尽量避免将检查点设置在不易发现的位置上，而是要将所有检查点的特征表现得非常鲜明，能反映地图图例定义的典型特征。

3. 按顺序寻找检查点

初学者初次体验定向运动时往往会因为发现检查点而表现得异常兴奋，在这种心情下很可能忘记检查点的顺序要求。因此，在初学者出发前，教师应该反复强调寻找检查点的顺序性要求，还应该通过路线设计引导他们按正确的顺序寻找检查点。

（二）分解教学法

分解教学与完整教学法一样，都属于在定向运动中较为常用的教学方法。在尝试野外定向之前，应该通过分解教学法让练习者在室内教学中学习读图、辨识指北针等技术的运用方法，掌握路线选择及路线执行的基本技术。在进行野外定向练习时，仍然可以通过分解教学法使教学对象全面细致地掌握各种高级定向技术。

二、定向运动技术练习手段

定向运动技术练习手段，是指在定向运动的技术教学中，教师采用的与技术练习相关联的具体手段。在定向运动技术教学中，一般使用的练习手段主要有安全方位练习、束缚定向练习、专线定向练习、盲区定向练习和星形定向练习等。具体练习方法如下。

（一）安全方位练习

安全方位练习，是指借助指北针定位来引领迷路者到达正确、安全的方位；或在定向活动前，由活动组织者将正确、安全的方位提供给参赛者以确保其能顺利返回。

这种练习方法在定向运动中具有重要作用。其关键在于安全方位既是最基本的指北针技能练习手段，又是运动安全措施和保护手段的基础练习内容。因此，在参与定向运动野外森林活动前，参与者都要进行安全方位练习，且需要达到规定目标标准。其具体的练习方法有以下3种。

方法一：

在小区域场地内利用指北针走方形路线。

方法二：

①在一块具有明显边界（道路）的树林中，给每一个练习者发一张地图和一个指北针。

②确定安全方位，如北方和南方。

③确定最后的集合地。

④练习者自己在林中确定起点，然后由起点出发向北行进到公路，再沿着公路向东到达建筑物。

方法三：

①在每个交叉路口设置一个点标旗作为集合点，以林地的中心地带作为出发点。

②教师任意指定一个集合点，练习者两人一组在林地中任选一位置作为起点，然后由起点确定安全方位，沿安全方位到达集合点。

（二）束缚定向练习

束缚定向练习，是指将练习者限定在一定区域内进行定向练习的方法。束缚定向练习是保护和帮助性练习方式，常用于初学者初始进入丛林进行定向运动的阶段，或是运用于有保护的定向向完全独立的定向的过渡阶段。这种练习有助于初学者适应定向场地区域。其具体的练习方法有以下3种。

方法一：

①在简明地图上标出一条简单的路线，沿着线状特征，通过森林、越过小溪，甚至穿过灌木林。

②用绳索或彩旗沿着路线将沿途的特征连起来，在实地布置出一条定向路线。

③将检查点设置在非常明显的特征上，最好是在独有的特征上，将点标旗挂在绳索上。

④让练习者沿着绳索，尽可能快地到达每个检查点，练习者每到达一个检查点，在检

查卡上留下记录的同时，在地图上标出检查点的位置。

方法二：

①在地图上标出一条沿着线状特征前进的路线。线状特征应包括明显的线状特征，如道路；也应包括不明显的线状特征，如不同植被区域的边界。

②用路线为中心线，在路线两侧一定距离范围内，沿着路线以绳索或彩旗为安全线，隔离出一活动区域。

③将大部分检查点沿路线设置在明显特征上，将少量检查点设置在离路线一定距离的明显特征上。

④让练习者在安全范围内进行路线选择，尽可能快地到达每个检查点。

方法三：

将束缚定向练习与普通路线练习相结合。这种练习着重将有束缚的路线作为普通路线的一部分进行练习，通常将有束缚的路线部分设置在普通路线中难度较大的部分，如丛林密布地带等。

（三）专线定向练习

专线定向练习，是指练习者在地图上标出自己在事先规定的路线上行走的站立点的练习。这项练习也属于定向运动的基础练习之一，它是理解地图图例或地图符号间的关系、发展标定地图、拇指辅行技能的有效方法。

实践中经常选择的专线定向练习有持图走练习、随人走练习和经典的专线定向练习3种。

1. 持图走练习

持图走练习是指在地图上标出行进路线，检查点设置在沿着行进路线的特征上，练习者沿着行进路线在实地行走，在行走中将看到的检查点在地图上准确标出的一种练习手段。

持图走练习较多地运用于对初学者的训练中，这种练习方式能较快地使初学者理解地图符号、标定地图以及拇指辅行技术。持图走练习是一种保护手段，是定向运动的一项基本技术。

2. 随人走练习

随人走练习是以持图走练习为基础进行的，与持图走练习不同的地方在于，在随人走练习中，教师会选择某一练习者作为领路人，领路人持图沿着自己选择的路线领跑，其他练习者则持图在后面跟随，间隔距离一般为20米左右。每跑500~1 000米后，领头人停下来，让其他练习者指出目前的站立点，以及从上一个站立点到达目前站立点的实际路线。

3. 专线定向练习

专线定向，是指让练习者在实地沿着标绘在地图上的规定路线行进。这种练习方法需要通过以下两个步骤来完成。

（1）入门练习。地图上和实地中无检查点，练习者沿规定的路线前进。这种专线定向较简单，是一种入门的练习模式。

（2）变更检查点隐秘程度。由没有检查点到有检查点、由检查点在专线上到检查点在专线附近、由检查点在明显大特征上到检查点在小特征上。

（四）盲区定向练习

盲区定向练习，是指使用设有未知区域的地图进行定向技能练习的一种练习方法。常用的盲区定向练习包括经典盲区定向、廊式定向、窗式定向、空白图定向等形式。这里的未知区域是指在地图上将某一特定区域遮盖，从而使练习者不能得到这一区域的信息，以此增加练习难度。这种练习方法较多地运用在练习者使用指北针技能方面，以及培养练习者的方向感和距离感方面。

（五）星形定向练习

星形定向练习，是指以星形定向为形式进行的练习。在使用星形定向练习法时，组织者会将起点和终点同时设置在场地的中心。练习者同时由起点出发，各自完成一个检查点或一条路线后返回终点。此后，练习者互相交换定向任务，继续练习，直至完成所有教学任务。

采用星形定向练习可以让多人同时练习，完成任务后回到场地中心，能够及时得到教师的指导，并能将这些指导很快地用于下一次练习中，以此形成在短时间内指导与实践、再实践与再指导的良性循环。因此，在众多定向运动练习法中，星形定向是练习效率较高的一种。

第三节　定向运动教学设计

定向运动教学设计的关键环节在于对教学目标的设计，具体可以分为定向运动教学设计的前期分析和教学目标的设计，两者是相辅相成、互相联系的部分。

一、定向运动教学设计的前期分析

合理的前期分析是保证教学目标、教学内容和教学方法设计合理、有效的必不可少的环节。前期分析在教学设计开始之前进行，其具体内容为可能会对教学设计产生影响的多种因素，要求分析得全面、具体、细致，对发生概率较大的情况都要有所"预知"。定向运动教学设计的前期分析主要包括练习者的学习需要、教学对象特点、教学资源水平和教学安排情况 4 个部分。具体内容如下。

（一）对学习需要分析

学习需要，是指练习者在学习方面的目前状况与期望水平之间的差距。对这一需要进行分析的目的在于找出在教学中需要解决的问题。分析学习需要应做好以下 3 个方面工作。

（1）从实际出发，找出教学中需要解决的问题。

（2）分析需要解决问题的性质，以确定教学设计中解决这些问题的途径。

（3）分析资源条件和制约因素，为解决问题进而设计教学方案打好基础。

（二）对教学对象分析

定向运动教学的对象是广大定向运动爱好者，他们是定向运动的活动主体。因此，这里提到的分析教学对象的含义，实质上就是为了透彻地了解这些参与定向运动的人的多方面特点，使分析得出的结论能够为教学设计以及日后的活动开展提供合理的依据和相关信息。对教学对象的分析一般需要从以下 4 个方面进行。

1. 学习准备

学习准备，是指练习者教学课前，做好知识技能水平和心理发展水平的准备，以应对新的学习的适合性。

练习者的学习准备主要包括以下两个方面。

（1）对自己要学习和掌握的教学内容有一个大体的了解，并端正学习态度。

（2）对自己从事该项学习产生影响的心理和社会方面的特点有所了解，包括年龄、认知成熟度、生活经验、文化背景、学习动机、注意力稳定性等。

2. 起始能力预估

练习者的起始能力是各种目标设计的基础，对练习者起始能力的预估，可以使教师制定的教学目标恰如其分，适合练习者的具体实际。例如，足球是一项非常重视身体体能的运动，因此，在日常教学中就会包含体能练习的内容，而体能练习的练习量和强度应该是什么程度，就得依据练习者在体能方面的起始能力评估。

3. 一般特征鉴别

练习者的一般特征，是指对练习者学习有关教学内容产生影响的生理、心理、社会等因素。

通常来说，一般特征的鉴别与学习内容并没有直接的关系，却影响教学内容的选择、教学方法和媒体的运用，所以应引起重视。

4. 学习风格诊断

学习风格，是指练习者在接受教学中的不同表现。通过长期的教育实践发现，不同性格的练习者接受体育教育的表现存在较大的差异。简单地说，有的练习者乐于接受性格活泼、教法灵活的教师教授；有的则喜欢教学风格严谨、有序的教师。或者表现为有的练习者喜欢相对静的运动项目，有的练习者喜爱表现性的运动项目，有的则喜欢对抗性的运动项目，有的进步快，有的进步慢，等等。

高校体育教师应该充分认识到这种练习者的风格差异，并针对此种差异进行诊断，从而设计出适合练习者具体实际的教学方案。

（三）对教学资源分析

教学资源主要包括能够供给定向运动的场地、器材和其他形式的人力、物力、财力等资源。教学资源是教学活动顺利开展的重要保障，与教学活动有着不可分割的关系。

（四）对教学安排分析

教学安排，是指在一定时期内安排用于定向运动教学活动的时间和教学时数。定向运动是一项集身体素质、心理素质于一体的全面型健身项目，而且运动本身包含多种技术和方法。运动员要想完全学到这些技术并练习纯熟，且使自身的身心素质得到提高，需要较长一段时间的积累。这时候就需要对定向运动的教学进行恰当的分析和合理的安排。

二、定向运动教学目标的设计

定向运动教学目标，是指开展的定向运动教学活动能够达到预先设定的效果。这种效果也是定向运动的参与者在接受定向活动教学后产生的预期行为变化。定向运动教学目标的设计是定向运动教学设计众多组成部分中最重要的一项，其余所有部分的设计、计划和实施都是围绕教学目标进行的。也就是说，只有符合具体教学实际的教学目标才能为体育教学指明正确的方向，否则，错误的教学目标不仅不能使练习者掌握良好的定向运动知识和技战术能力，甚至有可能打击他们参与定向运动的积极性。

（一）定向运动教学目标的设计原则

科学、合理的定向运动教学目标的制定需要遵循一定的原则，这些原则主要体现在全面性、具体性、准确性和灵活性 4 个方面。

1. 全面性原则

全面性原则,是指定向运动教学目标的达成需要通过每一堂课的教学来实现,因此,在设计定向运动教学目标时要综合考虑,分清主要目标和次要目标,以及其他目标。

2. 具体性原则

具体性原则,是指定向运动教学目标的设计必须贴近教学内容,具体地反映练习者的学习行为,要具体指出在本节定向运动教学课中练习者应了解和掌握的定向运动知识和技能,并提出具体的达标要求。

3. 准确性原则

准确性原则,是指教师必须根据教学内容和练习者实际情况,准确地编制教学目标,既不能要求过高,脱离练习者实际,又不能要求过低,影响练习者积极性。

制定的教学目标要明确,要具有导向性作用。明确的教学目标,能够引导教师和练习者围绕教学目标的实现,恰当地组织教学过程,有效地开展教学活动,并能以此为标准检测教学结果。需要注意的是,教学目标应用规范性的术语进行描述。

4. 灵活性原则

灵活性原则,是指制定的教学目标要按不同情况区别对待。对不同层次的练习者应制定不同水平的教学目标,而如果在教学过程中出现事先没有估计到的情况,也可以及时调整教学目标。

(二)定向运动教学目标的设计过程

1. 学习和掌握纲领性文件

定向运动近些年来才被引入我国,很快便得到了广泛的欢迎,尤其是得到了青少年群体的青睐。各种定向运动社团和协会组织的以公园或野外为场所的定向越野比赛不断增多,使得这项运动在我国发展的基础进一步得到巩固。为此,为了更好地传播和发展定向运动,以及更好地进行相关教学活动,相关部门或组织必须要首先制定定向运动的发展大纲,以此使运动的发展路途和方向有章可循、有规可依。此后对于定向运动教学目标的确定就可以以大纲为基准并紧扣大纲精神行事,然后在这个总体框架内具体细化目标等内容。这样就可以对整个课程的总目标、具体目标以及教学要求、内容和方法有一个总体的了解。

2. 设计层次教学目标

在学习和掌握了纲领文件的基础上,定向运动相关教学机构就可以开始着手结合运动规律和特点，设计定向运动教学的总目标，然后具体细化，设计出各个学段、各个领域、各个水平的具体目标。

第四节 定向运动教学评价

任何教学活动都有教学目标，每一个教学目标的达成都是通过教学效果积累而成的。而要想知道教学效果如何，就需要科学合理地进行教学评价。

教学评价是教学工作的重要组成部分，主要在各种学习阶段的结尾进行，因此，它是检查练习者学习情况和教师教学质量的有效方法。通过教学评价，有助于调动练习者的学习自觉性和积极性，激发练习者努力学习、刻苦锻炼的积极性，达到巩固提高定向运动技术和增强练习者体质的目的。由此可见，合理的教学评价能够为教师总结和改进教学工作提供可靠的依据。相反的，片面的教学评价，只能给教师和练习者带来更多的困惑。例如，教师对定向运动中地图的读图法教学的评价效果感到满意，但实际上练习者并没有真正理解教师讲授的内容，这就是一种教学评价的失误，由此可见，如果该教师继续按照这种方式讲解，只会使练习者产生更多的疑惑，而越来越多的困惑堆积，最终可能会使练习者对定向运动失去兴趣。

一、教学评价的目的

教学评价之所以是教学过程的一部分，是因为它本身具有一定的意义。它的作用更多的是，随时调整教与学的协调关系，使之保持尽量平衡的状态。一般教学评价的目的具体包括：

（1）了解练习者的学习情况与表现，以达到学习目的。

（2）检验练习者的学习效果和教师的教学效果，分析并找到原因，改进教与学的方法。

（3）给练习者展现自己的机会和平台，增强练习者自我认识、自我教育的能力。

二、教学评价的内容和方法

教学评价主要从练习者参与定向运动后的身体素质、理论知识、实践技能和学习态度这4个方面入手。这4项内容基本符合教学目标与练习者的学习需求，也只有通过对这几项内容的评价，才能更好地促进练习者全面发展，真正体现评价的公平性。

教学评价除了要重视对学习效果的评价，还要注重对学习过程的评价；除了要注重定性评价，还要注重定量评价；除了要注重绝对性评价，还要注重相对性评价。从评价主体来看，教学评价不仅仅是教师对练习者的评价，还要适当加入练习者相互之间的评价，甚至是每次练习结束后练习者对自己在本次练习中的评价等。

（一）评价内容

1. 对定向运动理念的理解

（1）对定向运动的起源与发展及其相关文化的了解。

（2）对定向运动竞赛规则、场地和装备的了解。

2. 基础跑步的能力

从微观上讲，评价内容为练习者的跑步运动能力，从宏观上讲，评价内容为练习者全面的身体素质。

3. 定向运动专项理论与技能

（1）简单地图和定向地图的测绘理论与方法。

（2）设计教学路线和休闲娱乐路线的理论与实践。

（3）掌握相关定向路线设计和地图绘画软件的操作方法。例如，AutoCAD 软件和 Global Mapper 软件。

4. 基本技能的掌握

（1）掌握定向运动教学的理论知识和技能。

（2）掌握定向运动主要项目（公园或丛林）的技术。

（3）具有定向教学课的基本组织能力。

（4）具备定向健身锻炼的指导与管理能力，以及初步具有定向活动的组织与裁判能力。

5. 社会适应能力方面

（1）对定向运动课程对促进心理健康、提高社会适应能力积极作用的理解程度。

（2）在参与定向运动的过程中可以培养人的意志品质、创新能力、独立思考能力、独立处事能力、合作精神和开拓进取精神。

（二）评价方法

（1）理论考试（25%）。

笔试，卷面成绩为 100 分。

（2）体能测试和实践考核（45%）。

测试内容：体能测试主要是测试奔跑能力。实践考核主要检验练习者综合运动基本技术和战术的能力。在本评分标准中，体能测试与技能达标合并进行。

路线规格：校园定向或公园定向，检查点数目为 15~20 个。直线距离分别为 2 800~3 000m（男），2 500~2 700m（女）。检查点数目与地形难度相关，地形难度越大，检查点数目越少。

评分标准：在规定时间内完成校园定向或公园定向，成绩有效的，第一名记 100 分，第二名记 99 分，以此类推。成绩无效者排在所有成绩有效的同学后面，有两个检查点无效的同学排在只有 1 个检查点无效的同学后面，以此类推。

（3）课外作业（10%）。

（4）平时考核（10%）。

（5）小组考核（10%）。

小组考核包括教师对小组的总体评价和小组对组内成员的评价两部分。具体为：

①教师对小组的总体评价（5%），主要包括小组的团队协作精神和学习态度、开展探究式学习和合作学习的情况，完成以小组为单位的任务情况，以小组为单位进行发言的情况，小组总结。

②小组对成员的评价（5%），包括成员的团队精神、学习态度、创新精神、为小组作出的贡献等。

第五节　现代教学手段在定向运动教学中的应用

一、自主学习法

定向运动与其他体育运动有些不同，主要体现在定向运动中的技术并不复杂（主要是奔跑），而对运动成绩起决定性作用的往往是随机应变能力和对地图的超强的分析能力。由此可以发现，实质上定向运动中练习者对路线选择的过程就是一个决策的过程。因此，学习和掌握路线选择技能的过程，也就是一个学习和掌握路线决定原则和灵活运用原则进行决策的过程。这种决策能力的培养并不单单来自教师的教学，更多的还是依靠练习者认真地思考，从而将主观能动性更好地发挥出来。正因如此，在定向运动的教学中应该更多地使用自主学习法。

采用自主学习法培养练习者决策能力时，起初可以将一些关于决策的原则性问题讲清；然后可以安排练习者观摩优秀运动员的路线选择方法，以此达到逐步在练习者头脑中灌输正确决策意识的目的；最后按老师提供的路线进行，用不同行进路线完成一个个路段的练习并对练习结果进行比较分析，最终形成富有自己个性特点的路线选择方式。

二、合作学习法

当练习者个人对于基础定向知识和技能掌握得较为娴熟后，可以以团队为组织形式进行合作学习。基于定向运动的运动特点和理念，在使用合作学习法时，一般在分组模式中选择异质分组的方式，将练习者分为若干团体进行团队练习。

在每次运动出发前，教师应给予团队一定的时间，以便他们分析地图和协调在行进中彼此的分工；运动结束后，教师要安排组内讨论和组间讨论，以便练习者在讨论中更好地总结经验与不足；最后，安排每个团队派出成员代表团队做总结性发言。

三、研究学习法

关于定向运动路线选择的教学，最适宜的教学方法为研究学习法。研究学习法实质上是由教师首先提出"路线选择的基本原则"，由练习者分组讨论，在经过认真思考后各组提出路线选择原则的假设，之后由教师提出一条实际的路线，并估计完成时间；然后让同组的练习者分别按不同的行进路线完成每一个路段，每完成一个路段都应进行讨论，验证选择的路线；最后按照体能分组组织练习者进行路线选择比赛，看谁的路线选择得最好、最合适。

第三章　高校校园定向运动理论与实践教学

第一节　高校校园定向运动教学

　　校园定向教学的主要内容是指在学校面向普通学生开设定向课程时所必需的授课内容。教学内容主要包括校园定向运动概述、校园定向基础、校园定向技能和校园模拟定向赛等。

一、校园定向运动概述

　　此部分主要包括定向运动的定义、起源、发展状况、定向运动的特点、定向比赛的种类等。内容的介绍主要以室内课的方式，配合定向比赛录像资料、多媒体课件等教学资源，使学生对定向运动具有初步了解，并提高学生的学习兴趣。

二、校园定向基础

　　校园定向基础是校园定向教学的重点内容之一。采用室内课与室外课结合的方式完成。在校区或公园实地练习，使学生掌握一些初步定向知识和技能。

（一）定向地图知识

　　内容包括地图概述、地形概念、定向地图的特点、定向图颜色和符号规定、地物符号的特点和规律、识别地物符号需要注意的问题、定向地图的绘制等。如果条件许可，可以通过标准定向地图给学生讲述并做一些练习。

（二）定向器材、定向竞赛规则

　　内容包括常用定向比赛器材介绍、定向竞赛规则的相关内容（与参赛者有关的部分），了解定向竞赛器材的作用、使用方法，有条件的让学生亲自动手试用电子打卡器材，使多数学生都能熟练运用电子打卡器。

（三）定向越野跑知识、距离感练习

内容包括跑步的基本要领、野外跑的注意事项、如何掌握定向跑的节奏、练习变速跑的一些技能等，通过室外练习让学生掌握定向越野跑的一些相关信息，领会按不同比例尺地图位移与实地跑的关系，逐渐产生距离感。在教学中可以用简易地图作为辅助手段，如在事先不告诉学生的情况下带领学生在校园越野跑一段时间，再让其画出跑的路线。

（四）地貌判读的讲解和练习

内容包括等高线表示地貌的原理、等高线的作用和规定、利用等高线判读地形和实地讲解、观察不同形状山体所对应的等高线等。通过讲解和练习使学生体会等高线的重要作用。不具备条件的学校(校园或校园附近没有山的)效果会稍差些，但可以利用山的模型进行教学，或将学校沙坑按某一地形图堆积成一个小沙盘，并让学生一起参与，同样可以起到很好的教学效果。

（五）判定方位练习

内容包括实地判定方位、指北针的使用、标定地图、测量方位角和按方位角行进等。通过讲解、示范和学生练习，学会快速判定方位、熟练使用指北针和掌握按方位角行进的要领。可以先在操场上或开阔地练习，有一定基础后再在非通视区域练习，最后在有障碍、有地形地物的现地上练习。

（六）现地对照地形、确定站立点练习

内容包括熟悉地图、现地与地图对照、确定站立点位置等。通过现地读图，明确对照的重要性、学会将图与现地对照、学会确定站立点位置的常用方法、学会寻找地形的特征点等。先用校园图来对照，再用较难的地图对照。可选择多种方法，如在教师带跑过程中突然停止，然后让学生迅速确定其站立点在地图上的位置，对于较熟悉的地形，可让学生指出地图与现地的不符之处，如何在地图上增加信息(修测地图)等。

（七）选择行进路线练习

这是综合性的基础教学内容，包括常用安全选择行进路线的方法、图上两点间选择路线练习、现地选择路线练习等内容。让学生在两点间选定至少三条不同路线，然后在三条路线上越野跑，再在远距离两点间做同样练习，通过比较使学生学会现地选择路线。

三、校园定向技能

（一）沿路线行进练习

在给定的定向图上，标有一条路线，路线周围现地设置了许多检查点标志物（不一定是点标），但在地图上并不标出来。让学生严格按此路线行进，并注意观察路线周围，到终点时，比较哪位同学发现的目标最多、哪位同学在地图上位置标得最准确。这也是早期定向比赛项目中的专线定向，现在定向比赛中已经不设此比赛项目，但它却是非常好的定向教学内容之一。

（二）默图记图越野跑找点练习

在给定的定向地图上，标有路线和设有检查点。在起点时可让学生在较短时间浏览全图，但出发后学生手中不拿图，只凭记忆找检查点，找不到检查点时可回起点再看地图，直至找完全部检查点。

（三）积分式越野跑找点练习

在校园内设置很多点，并将这些点标在地图上，根据距离的远近和设置的难度赋予不同分值。让学生在规定时间内寻找这些点，超时必须按事先的规定扣掉一定的分值，最后比较哪位同学的分值高。这是一种积分定向赛练习，要注意的是设置点数要多，一般在规定时间内是无法全部找到所有的检查点的，这样才能起到练习作用。

（四）夜间找点练习

有条件的学校可以开展此项练习。在校园内、大学城、附近的公园或郊外，通过夜间找点练习，体会夜间只能利用微弱光源寻找目标的定向技能。可以两三个人一组进行练习，必须配有夜间定向头灯和夜间点标。需特别提醒的是，夜间定向练习的地域必须是安全的。

四、模拟定向赛

（一）校园、公园模拟定向比赛

模拟定向比赛是对前段时期教学成果的检验，是定向技能的综合演练。有条件的学校建议将此阶段的教学内容放到学生比较陌生的公园中进行。模拟定向比赛的规则可以根据

《定向运动竞赛规则》制定。

(二) 校园百米定向赛

百米定向赛是近年来国外出现的定向运动新型比赛项目。经全国定向冠军赛和定向锦标赛的检验证明，百米定向赛具有观赏性强、技术性高、易参与、易组织等特点，能够锻炼学生的反应能力和奔跑速度，健身的同时充满了乐趣。由于百米定向赛的场地只需100m×100m左右，因此非常适合校园定向教学和开展定向活动。

1. 百米定向教学、训练和比赛场地

百米定向教学、训练和比赛场地可选择校园通视度较好的地域，场地最好具备一定人工地物或高大树林，能通行；地图比例尺为1：500，并能将场地内树木和人工地物都标在图上；定向路线距离小于600m、检查点数一般为6~14个（在整个场地设置很多点标，有一些点标是起迷惑作用的）。若分十轮比赛，前几轮为淘汰赛，最后一轮为计时赛。场地设置数条路线，以淘汰的方式取该条路线的第一名进入下一轮。如此反复几轮，决出名次。

由于校园百米定向练习所需要的场地不大，校园百米定向教学、训练、比赛的场地可以选择校园或公园的某一处。

所选择的场地应有一定的植被量和可穿越的林区，以便学生在决定路线时有多种选择，从而体现运动技能。有条件的学校可以选择校园内小山丘或树林。这样的练习场地有一定的爬高量和相似地形，爬高量可以体现学生的奔跑技能，相似地形则可以检验选手的定向技能。

2. 校园百米定向赛对定向基本技能的独特因素

(1) 校园百米定向比赛场地范围小，却对选手的奔跑技能提出了很高的要求。若要取得优异成绩，则要求选手从比赛出发至打完终点卡座，中间的过程始终处于高速奔跑状态。国外资料统计，进行校园百米定向比赛过程中的平均心率达到每分钟170次。因此，百米定向运动可以锻炼学生的有氧代谢功能。

(2) 百米定向比赛的出发有别于其他定向比赛，一般选手以3~4人为一组同时出发且跑相同的路线。其目的是检验选手判断的独立性和抗干扰能力，也增加了比赛的对抗性。而比赛的形式则采用淘汰制，如一组队员必须淘汰2名，本组胜出选手与其他组胜出选手再编组进行不同路线的比赛。以此类推，直至决出名次。因此，选手在比赛过程中必须独立思考，选择最佳路线，尽可能地在同组选手中取得领先优势。跟随跑只会让自己更快地迷失站立点位置和丧失有效成绩的把握程度。

百米定向对选手的概略定向、精确定向以及超前记图能力提出更高要求。对地形地貌和国际检查点说明表的理解要准确、快速。此外，给选手的心理压力比其他定向比赛更突出，成功抵抗观众和同组选手带来的干扰是取得优异成绩的必要条件。

在进行校园百米定向教学时必须注意两点：一是学生在没有被淘汰前不能观看其他学生在场地上的定向比赛过程，而且出发点位置与场地不能通视。只有被淘汰出局之后才可以观赏别人的比赛过程。二是由于看图判断和跑的速度都很快，最好在教学过程中使用电子打卡设备，以确保教学效果的真实性和趣味性。

3. 校园百米定向路线设计的要求

校园百米定向场地的局限性要求在路线设计时不能完全按照野外定向运动的路线设计原则。

（1）比赛线路的直线距离一般为150~400m，设置6~14个点标，点标之间的距离为10~40m。一条竞赛路线应尽量避免出现交叉路线和锐角路线现象，还应避免整条路线上的各点全部在顺时针或逆时针方向，而应该设计成点标之间顺时针、逆时针方向交替的竞赛线路。充分利用场地内的相似地形来设计点标，在实地相邻相似地形处都放置打卡器，以充分考验选手的精确定向技能。

（2）起点、终点和比赛区要进行严格控制，不允许出发与未出发选手进行交流。因此，往往把起点、终点设置在相距较远处。由于百米定向是一组选手同时出发且跑相同的路线，容易出现在同一检查点同时到访的现象。因此，在条件允许情况下应在各检查点放置2个或2个以上打卡器，以保证竞赛的公平性。

（3）百米定向出发的独特性，意味着同组选手打终点卡座的先后即是其名次的排定。因此，设置更多的终点卡座和便于选手冲刺的终点空旷地，更能体现百米定向的公平性和对抗性。

4. 校园百米定向练习——蜘蛛网百米定向游戏

游戏可以提高学生学习的兴趣，发展其速度和耐力，提高打卡技术和方向方位感。

（1）练习条件：空地一块，最好是草地或泥地如足球场，点标旗，电子打卡器（针式打孔器或图章或笔等），打印机。

（2）练习方法：利用足球场的六个足球门架进行的两种练习方法。

练习方法一：起点、终点在场地中央，起点出发后跑向1号点，打卡后向1号点的相反对应点2号点跑去，打卡后跑向1号点的顺时针方向的另一点即3号点，打卡后向相反对应点跑去，依此类推，直到跑完所有点后回到终点。每组可有6人同时出发，每人依次跑向不同的第一点。

练习方法二：起点、终点在场地中央，起点出发后跑向1号点，打卡后跑向起点打卡，后跑向1号点的顺时针方向的另一点即2号点，打卡后重新跑回起点打卡，后向3号点跑去，依此类推，直到跑完所有点后回到终点。每组可有6人同时出发，每人依次跑向不同的第一点。

教师讲解练习方法，安排出发顺序，提出练习要求，每组可多人同时出发，一组结束后下一组再出发，记录练习时间，交流练习体会。

5. 百米定向对定向运动的推广作用

市场化是运动项目赖以生存的土壤和环境，而有效的推广方式则是运动项目发展的刺激剂。以往定向运动难以在中国市场化的主要原因在于定向比赛场地范围大、对抗性差、观赏性不强、关注范围小、程度低。而百米定向的特点解决了定向运动走市场化道路的种种问题。在比赛过程中，设置一定的区域让观众看到选手比赛的全过程，以及在赛区的醒目处、起点和终点放置宣传牌，加强赞助宣传效应，满足赞助商的商业要求，吸引更多赞助商参与定向赛事。一项运动生存和发展的强大生命力在于是否能吸引更多的人参与。定向运动本身具有的特点已经让越来越多的人参与进来，而百米定向既继承了定向运动的特点，又提高了运动的可操作性、对抗性和观赏性。因此，推广百米定向将进一步促进定向运动在中国的普及和发展。

（三）校园定向接力赛

（1）校园定向接力赛是校园定向教学、训练和比赛的一种方法，要求每个接力队的学生均按预先定好的顺序一个接一个地完成一段个人路线，按所用的总时间确定最终成绩。

（2）校园定向接力赛路线的构成。构成校园定向接力赛的路线，必须保证每个学生独立完成自己的路线，并使每个队的总路线长度相等。下面介绍三种校园定向接力赛的方法：

①摩特勒法（整条路线交换法）：它设立的路线条数与每队学生的人数相等，每个队员分配一条路线，每个接力队必须完成全部路线，但顺序不同。

②法斯特法（路段交换法）：这种方法用"分岔"的方式使每个队的每个队员所跑的路线不尽相同。

③瓦拉斯法（部分路段效换法）：这种方法原则上与摩特勒法相同，它由一个共同点把全部路线分为两大部分，能排的组合更多。

（3）设计校园定向接力赛路线的要点。校园定向接力赛路线设计原则同其他定向运动形式路线设计原则相同，除此之外，校园定向接力赛还必须考虑下列要点。

①应该提供足够数量的可供选择的路径，使学生相互间经常看得见，从而增强竞争性。

②个人完成的路线的长度及难度尽可能相同。

③必经路线尽可能短。

④必须使学生不能从竞赛名单上推断出自己及对手所跑的路线。

⑤靠近设置的检查点，必须选择不同的地形特征，这些检查点的代号及标志亦应明显不同。

五、高校定向运动创新实践教学

（一）注重加强定向运动战术教学创新

在实际开展定向运动战术教学时，由于在不同的班级，人数会存在一定的差异性，一般情况下，班级人数均在 50 人以上，这给维持教学秩序顺利完成教学目标带来了一定的难度。如果在实际教学时，仍采用常规的每间隔 2 分钟出发一名队员，将会严重拖慢教学进度，从而出现在有限的教学时间内无法完成教学任务的尴尬状况，因此，在实际教学创新方面，教师可以采用正反路线策略，如果班级人数较多，如 50 人以上，可以将学生随机分为两组，一组学生沿着检查点依次正向运动，另一组则沿着检查点反向运动，这样能够让两组学生同时完成定向运动，有效增加教学密度，课堂安排更加紧凑，从而让每一名学生都能够在有限的课堂时间内体验到定向运动，可有效缓解完不成教学任务而带来的尴尬。相关实践证明，采用正反两条路线的学生在最终定向运动成绩方面没有显著的差异，同时有效提升了学生新鲜感，使学生认为定向运动更加有挑战性，有效激发了学生的参与兴趣，更能锻炼学生的逻辑思维能力。但值得注意的是，这种创新教学策略方法仅适用于个人赛教学，并且是起点和终点合二为一的路径。

（二）定向体能训练注重彰显特色

定向运动作为一项越野运动，对于学生的身体体能素质要求较高，因此，为了让学生顺利完成定向运动，教师在体能训练方面也要加强创新，不断提升学生的体能，更好地推动定向运动教学的开展。具体而言，教师可以采用以下几种训练方式：

一是台阶打点。在实际实施过程中，可以利用田径场看台，由教师进行若干检查点设置，整个定向运动路线呈"之"字形，先让学生排好队，随后逐个出发，按照相应的顺序，依次到达每个检查点。在设计点标数时，可以以台阶长度或练习者的体能状况为依据，做好适当的增减。通过此种训练方式，能够显著提升大学生身体协调性与肌肉力量，特别是腿部肌肉力量。

二是风车追逐跑。此种训练方式需要先找一片空地，最好选择在有草地的足球场中进行，将点标旗置于跨栏架之上，在每个栏架中，做好一个检查点设置，将起点与终点设于场地中央。然后教师可将学生进行分组，分组的组数与检查点相同，接着面向不同检查点带领学生分组同时出发，让学生沿着风车状的轨迹进行奔跑。整个练习过程中你追我赶，非常具有趣味性，能够有效活跃气氛，若采用分组接力形式会取得更好的教学效果，这种训练方式能够有效提升学生的奔跑能力。

三是五角星折返跑。场地布置与风车追逐跑相似，分组同时出发，要求每人的跑动轨迹犹如五角星状，在每次练习时，应适当轮换出发位置，此方法不仅可以提高学生的打卡技术和方向方位感，避免学生转向时因重心不稳而摔倒，还能够有效提升学生的奔跑速度和耐力。这种训练方式也可以采用接力方式进行。

(三) 丰富野外定向运动

若高校周边有山地或公园等地形，在实际开展定向运动教学时，教师可以选择在周末组织学生进行野外定向运动比赛，并注重丰富野外定向运动内容。可以选择以下几种定向运动方式。一是徒步定向运动比赛。这种定向运动比赛活动组织比较简便，更加易于开展，由于其比赛的成败全在于个人的识图用图、野外定向和奔跑能力的强弱，非常适合学生参加。为增加比赛的乐趣，也可以在判定比赛成绩的方法上有所区别，比如可以根据个人跑计个人成绩；还可以根据个人跑计团体成绩等。二是接力定向跑比赛。这种定向比赛运动是团体之间的定向越野比赛项目之一，最终比赛成绩主要依赖每个队员个人能力的发挥。在接力比赛中，比赛的路线分为若干段(国际比赛通常分为四段)，每名选手完成其中的一段，各段参赛选手的成绩相加为该队团体总成绩。三是百米定向比赛运动。这项运动是定向运动的一个新兴项目，经全国定向冠军赛检验证明，该比赛项目能够锻炼运动员的反应能力和奔跑速度。健身的同时充满了乐趣，还能够学会识图用图，也非常合适在高校开展野外定向运动教学中使用。

综上所述，定向运动作为一项新的体育运动，高校针对该运动如何开展仍比较缺乏经验，在实际教学开展过程中，仍采用一些比较传统的教学方法，从而严重阻碍了定向运动教学质量水平提升。基于此，有必要采取有效措施，加强定向运动教学创新，从而推动定向运动在高校体育教学中的顺利开展，提升高校体育教育质量水平。

第二节 高校校园定向运动教学策略

校园定向的教学，可分为理论和实践两部分。一般先进行理论教学，实践教学则在学生掌握了理论之后进行。

一、理论教学

在理论教学时可以充分利用校园定向地图、多媒体课件、教学录像、CD 光盘、校园总体规划沙盘模型等进行讲述。也可以结合实地边行走边讲解，让学生全面了解定向地图，识别熟记地图中的地形、地貌的表示方法与各种符号的作用；明确地图与实地的关系，学会地图与实地对照的基本方法，通过看一张平面的定向地图再现立体景象。在技术理论教学中，教会学生指北针正确的使用方法、学会定向基本技术方法；选择最佳运动路线方法和原则以及寻找检查点技巧，熟悉比赛过程。

二、技术教学

以下的教学步骤，有的属于最基本的和必须通过反复练习熟练掌握的，有的则可以根据具体情况，先选择几种最适用的方法进行教学。

第一步：沙盘教学法。

利用校园总体规划模型沙盘或普通的沙盘模型，让学生了解校园的地物、地貌符号、等高线在定向图中的表示方法。

第二步：跟随老师实地行走，认知地物地形符号。认识比较地图上的符号在实际地形中是怎样的，看它们在地图上是如何用不同的符号和颜色表示的。

第三步：沿指定路线行走，保持地图与实地方向一致。在沿指定路线行进时，时刻用指北针给地图定向。同时，进一步认知比较地图上的符号和实际地物，并用圆圈标出沿途经过的明显的地物。

第四步：站立在高处俯视等高线。

找一片高地，到峰顶去四处环视。注意哪些地方陡峭，哪些地方的斜坡平缓，再研究一下它们是怎样在地图上用等高线表示的。观察一座小山谷，一片树林，一座小桥或一个河谷，看它们是怎样在地图上表示的。稍稍转移学生的视线，认识一下建筑物和其他显著的物体以及它们在地图上的哪个位置。

第五步：用指北针定向找到点标练习。

取定指北针的方向，并顺其而行。从地图上的一个定点开始，在一定距离内标出 5 到 6 个检查点。这些检查点应是明显而不易错过的，如校园内小公路的交叉点，或者建筑物的边缘。取定方向朝一个目标走，然后回到起始点，再定向，到另一个目标。

第六步：路线选择练习。

找一个起点和三四个要经过的检查点，为每两个检查点之间选两条不同的路线。走一条路线到访每个目标后，回到起点，走另一条路线再找一遍目标。采用的技术可能是沿线运动法、借点运动法和目标偏差法，等等。

第七步：全程模拟练习。

在模拟定向全程练习的过程中让学生体验校园定向运动的刺激与乐趣，提高学生个体识图、用图以及路线选择的能力。在整个练习内容的安排上由易到难，在地域的选择方面从简单地形到复杂地形，在运动距离安排上由近至远，在设立检查点上由几个检查点过渡到多个检查点，放置检查点的位置从明显到隐蔽，使难度不断增加。当然，对待不同级别学生或个别学生应安排不同的练习内容。同时采取互帮互学的方式，进行组与组之间、个体与个体之间相互帮助完成同一练习，逐渐过渡到学生独立完成各项练习。

另外，在安排实践课程时，课前任课教师要根据地图对学校周围地形进行较全面的实地勘察。对学校内地形变化较大的地域进行地图修正，对容易发生危险的地域在地图上标出。教师要认真选择教学实践地域，结合当前学生实际情况设计规划运动路程，设置检查点，并亲自到实地进行较系统的考查，确保学生在定向运动中的安全。

第三节　高校校园定向运动学科课程标准

一、课程要求

定向运动是一项体力和智力并重，集健身、情趣、知识、运动竞技和军事价值于一体的体育项目。通过科学有效的教学与锻炼过程，可以促进健康、增强体质和提高定向运动能力。通过教学，学生可基本掌握定向运动的读图知识与用图能力、掌握定向运动的基本技术与最佳路线选择方法，培养定向运动意识，提高定向实践能力和自我锻炼能力；在发展学生基本活动能力的基础上，全面发展学生的身体素质，增强体质，具有定向运动所必备的体力；了解定向运动竞赛的特点，熟读地图和了解地理方面的知识，启发智力，培养独立思考、快速反应和果断处事能力；养成终身体育的思想和终身锻炼的习惯，为学生将来在工作岗位上应用体育知识、技能来指导实践打下扎实的基础。学生必须严格遵守体育课课堂常规，努力提高参赛能力。

二、教学目标

（一）基本目标

增强学生体质，增进健康。根据学生的生理、心理特点，全面提高学生的身体素质，使学生的身心得到全面发展；培养学生积极参与各种体育活动，养成终身体育意识和良好的锻炼习惯；具有一定的体育文化知识，并为今后体育健身活动的延续和终身体育打下良好的基础；熟练掌握定向运动健身的基本方法和技能；能科学地进行体育锻炼；养成良好的体育道德和合作精神；正确处理竞争与合作的关系；积极主动参与各类群体活动和校园文化建设。

（二）发展目标

针对部分学有所长的学生，能在定向运动技能上达到一定的水准或相当于国家等级运动员水平；能独立制订适用于自身锻炼需要的运动处方；具有较高的体育文化素养和观赏水平；形成终身健身的良好习惯，更好地适应社会，服务社会。

三、定向运动课程的地位、作用和任务

（一）地位

定向运动是一项非常健康的智慧型体育项目，是智力与体力并重的运动。它不仅能强健体魄，而且能培养人独立思考、独立解决困难的能力以及在体力和智力受到压力下做出迅速反应、果断决定的能力。开设校园定向课程，不仅可以提高学生的运动能力，而且可以使学生掌握一项自我锻炼身体的技能，对于促进全民健身活动的开展和学生体育健康标准的实施有着重要的作用。重视对学生的意志品质、集体主义精神等心理素质的培养，提高学生的组织性、纪律性，陶冶学生情操。

（二）作用

定向运动课程有助于学生身体素质及体育素质的提高；有助于对学生进行思想品德素质教育；有助于开发学生的智力；有助于学生掌握定向运动的基本技术和技能；有助于学生建立终身体育意识；有助于培养学生独立分析问题、解决问题的能力和野外生存的能力。

（三）任务

定向运动教学的任务，主要是发展学生的速度、力量、耐力、柔韧性等身体素质和野外生存的能力。全面锻炼学生身体，使学生掌握定向运动的基本技能，了解定向运动的竞赛规则。对学生进行思想、道德品质教育，增强学生的组织纪律性和良好的体育道德风尚。培养学生勇敢、顽强的积极进取精神，激励学生勤奋、刻苦地学习。通过对校园定向课程的学习，提高学生的竞争意识，发扬学生勇于拼搏的精神。创设良好的课堂教学氛

围，激发学生的学习兴趣、培养学生的体育意识，全面发展学生的身体素质、心理素质，有利于学生的身心健康，提高学生的社会适应能力。使学生掌握体育锻炼的基本知识、技术、技能，了解体育对人的全面发展及增强体质、提高健康水平的作用以及科学锻炼身体和自我评价的方法，掌握必要的体育卫生与保健知识，不断增强学生的创新意识和创造能力，培养学生对体育锻炼的需要感和良好的体育意识，养成自觉锻炼的习惯和终身体育的理念。

四、教学内容和教学的基本要求

（一）理论部分

1. 定向运动概述

讲述定向运动概念、定向运动的起源与发展、定向运动种类和定向运动锻炼身体的价值。

2. 识别地图

地图比例尺、地物符号、地貌符号、图例注记。

3. 实地用图基础知识

在实地判定方位、标定地图、对照地形、确定站立点和目标点的方法。

4. 定向技能理论

器材介绍、出发点技术、路线选择原则与技术应用方法、检查点说明、终点动作。

5. 校园定向比赛组织

比赛的基本情况、赛场的选择与布置、比赛的规则。

（二）实践部分

实地标定地图的基本方法、利用实景判别地形与等高线的关系、实地确定站立点位置、选择路线的基本方法、行进的方法和注意事项、攻击点选择、迷失方向的解决办法、技术失误与纠正方法、模拟练习。

五、校园定向课程要求

（一）全体性

课程教学属于全体学生，每个学生在时间和空间上都应得到平等的定向教学与训练，以提高每个学生的基本体育素质。

（二）全面性

体育教学应全面提高学生的体育素质，既要重视锻炼学生的身体，增强学生的体质，又要培养学生终身体育意识和能力，还要提高学生的心理素质和体育文化素养。

（三）主体性

改革不利于学生身心发展的体育教学思想、内容和方法，确立体育教学中学生的主体地位。注重因材施教、区别对待，重视对学生体育兴趣和个性的培养，发展学生特长。

（四）主动性

激发学生的学习积极性，让他们在自主、主动的学习过程中掌握体育学习与锻炼的方法，学会自主学习。给予学生自主选择的空间。

六、校园定向课程的设置和时数分配

根据学校体育课程建设方案的要求，定向运动课程的设置为 1 个学期 16 周，每周 2 个学时。

七、考核

定向考核可以分为三部分：一是定向知识内容的考核，通常选择理论笔试形式，是主要考核内容；二是实践内容的考核，可以结合模拟定向比赛教学一起，按一定比例给参加定向运动学习的学生评定成绩；三是定向运动专项素质考核。

第四章 高校定向运动教师创新能力要求

在定向运动教学过程中，教师通过引导学生看图，识别方向及快速反应，在锻炼学生体能的同时，也提升了其智力。此项运动的目的是激发学生开动思维，快速反应并融入自然环境，培养学生发现问题、解决问题的能力。因此，新课程改革要求我们以学生为主体，着重培养学生解决问题的能力，提高教师教学的创新能力，打破传统定向运动教学方式，让枯燥的耐力训练变得生动有趣。

第一节 关键概念与术语

互联网时代对于人才能力需求的转变，使得教师必须革新教育教学方式以应对人才培养的挑战，因此，教师的教学专业能力面临着重构的挑战。笔者从信息社会发展需求的大视角出发，关注"互联网与教育融合的数字环境"的教师信息化或数字化教学能力标准框架、测量方式和发展路径等内容，从整体性变革视角看待数字经济时代教师教学能力的重构与发展。

一、能力与教学能力

有关能力的概念，国外很多学者将其视为个人技能或造诣，同行为效率相关❶❷。Preston 等在 1995 年将能力界定为在一定实践环境中为达到一定绩效的个人特质的整合。整合不是组合和简单的叠加关系，整合之后是一个整体，是不可分的。根据个体具备的特质能推测个体可能具备形成能力的潜质，行为绩效能证明个体具备了哪些能力，但是个体

---

❶ O Spencer L M,Spencer M. Competence at work:models for superior performance[M]. New York:John Wlley & Sons,Inc., 1993:4-5.

❷ Eraut M. Concept of competence[J]. Journal of inter professional care,1998,12(2):127-139.

实际的能力大小又不完全等同于特质推测的结果和行为绩效展现的结果[1]。Gupta 等在 1999 年指出，能力是能够成功完成工作必须具备的知识、技能、态度、价值观、动机和信念等[2]。Westera 在 2001 年将能力视为个人在专业情境中成功表现出的策略与行为能力[3]。Stoof 等[4]在 2002 年和 Tigelaar 等[5]在 2004 年均将能力定义为个人特征、知识、技能和态度的综合水平。国内学者王宪平在 2006 年将能力界定为个体在一定活动情境中，基于一定知识和技能，直接影响活动目标达成的个性心理特征，包括以下内容。能力是一定活动情境下的，离开了活动就无所谓能力；能力是知识和技能的有机融合，需要一定的知识和技能来支撑；能力是直接影响活动目标达成及成效的个性心理特征[6]。经济合作与发展组织（Organization for Economic Co-operation and Development，简称 OECD）下属的教育、就业、劳动和社会事务署在 2005 年将能力解读为成功完成任务所需的知识、技能和态度的一系列复杂活动。

教学能力作为能力的下位概念，首先要从能力的内涵出发来进行界定。从哲学层面来看，能力是人确立对象关系和对象化的手段、过程和结果，是置于主客体关系下的概念[7]，因此，研究教学能力问题首先需要从师生关系的辩证视角开始。从心理学层面来看，能力是一种符合活动要求、影响活动效果的个性心理特征，教学能力被视作个体顺利完成教学活动所必需的、直接影响教学活动效率的心理特征，是在具体学科教学活动中所表现出来的一种特殊专业能力[8]。从组织行为学层面来看，能力是衡量个体工作绩效高低的、潜在的、持久的胜任力特征，教学能力被视为不同教学情境下的专业态度、知识和技能，以及个体满足自身角色和有效影响学习者学习过程的集合。

本书中关于教师教学能力的研究主要从微观课程教学视角出发，侧重于关注高校教师在课程教学实践过程中用以促进学习者有效学习，并能够促进自身专业教学发展的核心能力。本节主要研究互联网时代信息社会变革视角下的教师教学能力，进一步将其明确界定为教师的信息化教学能力。教师专业化体系由于信息技术的融入，正在发生急剧的变革。信息社会中人们逐渐适应数字化的学习、工作与生活方式，这种信息技术在各个领域的融

---

[1] Preston B, Kennedy K J. The national competency framework for beginning teaching: a radical approach to initial ceacher education[J]. Australian educational reseaicher, 1995, 22(2): 27-62.

[2] Gupta K, Lee H. A practical guide to needs assessment[J]. Performance improvement, 2001, 40(8): 40-42.

[3] Westera W. Competencecs in education: a confusion of tongues[J]. Journal of curriculum studies, 2001, 33(1): 75-88.

[4] Stoof A, Martens R, Merrienboer J C y, et al. The boundary approach of competence: a constructivist aid for understanding and using the concept of competence[J]. Human resource development review, 2002(1): 345-365.

[5] Tigelaar D, Dolmans I, Wolfhagen I, et al. The development and validation of a framework for teaching competencies in higher education[J]. Higher education: the international journal of higher education and educational planning, 2004, 48(2): 253-268.

[6] 王宪平. 课程革视野下教师教学能力发展研究[D]. 上海: 华东师范大学, 2006.

[7] 吕勇江. 哲学视野中的能力管理[D]. 北京: 中共中央党校, 2006.

[8] 余承海, 姚本先. 论高校教师的教学能力结构及其优化[J]. 高等农业教育, 2005(12): 53-56.

入发展使得人类要突破传统社会的思维束缚。从学习领域来看，学习者将突破传统教学的线性束缚，从学习视角、学习方式、学习空间到学习知识体系都将进行系统性的重组，教师的教学也将变得与以往不同。

因此，我们需要从信息化的视角来研究教师如何进行教学，信息化教学能力也成为未来教师教学能力的重要方面，甚至成为新时代视角下教师教学能力的代名词。这种信息化教学能力主要指向教师应用信息技术来有效促进课程教学的能力，这种能力不是对技术工具的简单应用，而是面向技术重组学习环境提供有效教学策略的能力。

二、创新能力

创新能力是在技术和各种实践活动领域中不断提供具有经济价值、社会价值、生态价值的新思想、新理论、新方法和新发明的能力。

（一）意义

创新能力是民族进步的灵魂、经济竞争的核心；当今社会的竞争，与其说是人才的竞争，不如说是人的创造力的竞争。如果这个世界没有创新能力，便不会有今日人类的文明，可能还同猩猩一起过着钻木取火的原始生活；如果爱因斯坦、爱迪生等人没有创新能力，他们就不可能取得巨大的成就与收获；如果一个人不具备创新能力，可以说是庸才；如果一个民族没有了创新人才，那么它便是一个落后的民族。

随着现代科学技术的发展，文明的真正财富，将越来越表现为人的创造性：

（1）知识激增，需要新一代学会学习。

（2）科技革命，需要新一代革新创造。

（3）振兴中华，需要新一代开拓前进。培养青少年的创新能力，是由未来社会生产的特点决定的。培养青少年的创新能力，对于我国具有更重大的意义。到 2050 年，我国要成为具有高度物质文明和精神文明的社会主义现代化强国，这个宏伟的计划需要这一事业的继承者必须具有创新精神。

（4）智力潜能，需要教育者去系统地开发。

（二）教师创新能力的培养

教师的创新能力是指教师善于吸取最新教育教学成果，创造性地将其应用于教育教学中，形成鲜明的教学个性。它是教师综合素质的折射，是对教师更高层次的要求。教育对象的多边性与差异性，决定了教师本身从事的是一种创新性劳动。

我国现阶段基础教育的根本任务是为 21 世纪培养具有开拓、创新精神的一代新人，而学生的创新品格、创新能力需要教师通过创新性教学来培养。因此，教学创新能力也就成了教师能力中最具根本意义的能力。笔者认为应从以下几个方面来培养教师的创新能力。

1. 增强创新意识

在教学工作中教师循规蹈矩，照本宣科，不敢越雷池一步，是束缚创造力发挥的桎梏。一名教师必须有创新意识才会有创新行为，才会取得创新性成果，比如：教师在工作中产生的新思想、新观念、新设计、新方法都含有创新的因素。爱因斯坦曾指出："找出已知装备的新的组合的人就是发明家。"对每位教师来说，应该增强创新意识，善于发现并开发自身的创新能力，以新异的方式处理教学中的问题。总之，树立创新意识、培养创新精神，对创新能力的形成和发展有着十分重要的作用。

2. 重视文化知识积累

创新能力培养是以丰富的知识为基础的。法国科学家巴斯德说："偶然的机会对素有准备的人有利。"也就是说，知识准备是成功的条件。没有知识，人的正确观点就难以形成，分析问题就缺少依据，创新也就难以为继。大科学家爱因斯坦在大学时代对数学不感兴趣，草率应付。但当他对广义相对论进行深入研究时，遇到了数学知识不足的困难，于是不得不进行为期七年的补课。可见，创新能力的形成需要有浓厚的科学文化知识作为基础。

3. 发展创新思维

（1）展开想象的翅膀。想象是创新的前提，创新的结果使事物产生质的变化，而从已知的高地到新知的彼岸，只有借助想象的翅膀才能飞跃，这是因为想象既能对求知的世界作出形象的描绘（如卢瑟福假想的"太阳伞"原子模型），又可对事物的规律作出推测和预见（如哈雷预见慧星的出现日期）。再如：讲读辛弃疾的《清平乐·村居》时，教师要设法唤起和调动学生头脑中有关农村生活的种种表象积累，从而再现出一幅恬淡、祥和的乡村图景，进而体验和理解作品所传送的意境。由于想象体现了创新性思维的特征，当智慧插上想象的翅膀时，就会迸射出思维火花——创新之果。

（2）敢于和善于质疑。质疑是创新的种子。如果只是因循前人的思路，重复前人的足印，是提不出新问题的。巴甫洛夫说："怀疑，是发现的设想，是探索的动力，是创新的前提。"我们在语文教学中，如能培养和鼓励学生养成提问、思考的良好学风和习惯，就可以使学生的思维能力迅速提高。例如：有位教师教《陈涉世家》时，讲道："陈涉吴广乃谋曰：'今亡亦死，举大计亦死，等死，死国可乎？'"有学生质疑说："我认为课文有毛病，在'陈涉吴广乃谋曰'之后用了冒号和引号，说明这话是两人同时说的，事实上这时候不可能异口同声。"对此质疑，教师要面向全班同学，引导大家"疑义相与析"，最后明确了"乃谋曰"后应该只用冒号而不用引号，因为这是当时两人商量以后共同的意见，并非两人同时说话。以热忱的态度对待学生的质疑，鼓励学生努力发现问题和提出问题，就能充分调动学生思考的积极性，养成积极思考的良好习惯。同样，教师在教学领域应善于发现新问题，提出新见解，这是激发创造性活力的重要条件。

4. 形成创新个性

古人云："善学者，假人之长，以补其短。"只有博采众长，补己之短，逐步完善智能结构，才能在此基础上引发创新性的灵感。发展自己的个性，在学习借鉴他人的经验和成果时，切忌不加思考地机械模仿或亦步亦趋，而应有"闻一而知十"的能力，才能在学习借鉴中有所发现、有所创新。例如：钱梦龙老师的"三主四式"教学模式，魏书生老师的"六步教学法"，山东优秀青年教师程翔的"四步骤多课型语文单元教学"，都是他们在认真学习、深入研究全国各界知名教师的成功经验后，在融会贯通、深刻领悟的基础上，努力探索教学途径创造出的体现个性特色(以学生为中心，生动活泼)的教学风格。这些方法创设出一种轻松愉快的教学情境，极大地调动了学生的主观能动性，使他们的创新思维能力得到不断提高。

另外，教师在教学中还应鼓励学生创新个性的自由发展，语文教学要特别强调学生的个性差异。例如：对杜牧《江南春绝句》中"南朝四百八十寺"的理解，有的学生认为此句讽刺了梁武帝等封建统治者耗费民力、滥造寺院，有的学生却认为杜牧只是把"四百八十寺"作为六朝文化的遗迹来描写，表现的是文化古迹之美，与前面"千里莺啼绿映红"描写的自然美交相辉映。学生这种在语文学习理解上的差异，正是他们个性自由发展的表现，教师应该小心呵护，并给予积极评价，让学生知道自己的观点是有价值的。久而久之，学生的个性就会在课上得到充分张扬。

总之，创新教育是现代教育的灵魂。要培养学生的创新精神和实践能力，教师首先要勇于培养创新的综合型人才，具有创新精神和实践能力，并不断激发自己的创新意识去开展教学活动，使创造性、创新性贯穿整个教学活动中。

第二节 高校定向运动教师创新能力概述

一、对于"创新"和"创新教育能力"的诠释

就一般意义上说，创新是淘汰旧的东西，创造新的东西，它是一切事物向前发展的根本动力，是事物内部新的进步因素通过矛盾斗争战胜旧的落后因素，最终发展成为新事物的过程。更具体地说，创新是创造与革新的合称。它具有新颖性(不墨守成规、前所未

有)、独特性(不同凡俗、独出心裁)、价值性(对社会或个人的价值具有进步意义)。综合起来最根本的特征就是一个"新"字,没有"新意",也就无所谓创新。现代意义上的"创新"概念,最早见于熊彼特的《经济发展理论》一书。他以企业活动为研究对象,从经济学的角度对技术和经济间的基本互动机制进行了考查,提出了著名的"创新理论"。"创新"概念可理解为人们在进步观念的驱使下,面对变化了的客观环境,探寻新方式、新方案、新对策的活动。它涉及的领域相当广泛,包括观念创新、理论创新、科学创新、技术创新、产品创新、工艺创新、体制创新、市场创新、组织创新、管理创新等。

"创新"有层次之分,美国著名人本主义心理学家马斯洛认为,创新有两种水平:第一种水平叫"特殊才能的创新",第二种水平叫"自我实现的创新"。前者指的是科学家、发明家、作家等杰出人物的创新,指他们的新想法、新发明、新贡献是整个人类社会中前所未有的;后者指的是在开发人的自我潜能意义上的创新,由此产生的新思维、新事物,对社会和他人不一定是新的,但对创新者自己来说是新的。德国心理学家海纳特曾把前一种创新称为"真创新",而把后一种创新称为"类创新"。"真创新"是对人类而言的,"类创新"是对个体而言的。教师的创新更多地表现为"类创新"。这种创新观丰富了创新性的内涵,有助于提高教师开发自身创新能力的信心和热情,是值得提倡和推广的。

能力是符合活动要求,影响活动效率的个性心理特征的综合;教育能力是符合教育活动要求,影响教育活动效率的个性心理特征的综合;创新教育能力是符合创新教育活动要求,影响创新教育效率的个性特征的综合。创新教育能力包括两个层次:一般性创新能力和特殊性创新能力。一般性创新能力包括以下5个方面。

①培养观察力、记忆力、想象力、思维力、情绪情感能力、意志力、个性心理能力。

②上好创新教育课的能力。

③进行创新活动指导的能力。

④学科教学和活动课教学渗透和培养一般创新思维品质的能力。

⑤对学生创新素质发展进行评价的能力。

特殊性创新能力,包括培养语文能力、数学能力、音乐能力、绘画能力、体育能力等方面的能力。

成功的、富有创新性的教师总是善于吸收最新教育科学成果,并将其积极地运用到教育、教学、管理等过程中,而且富有独创见解,能够发现行之有效的新教学方法。在个性品质上往往表现为幽默、热情、乐观、自信,乐于接受不同观点,对其工作之外的其他事情也表现出强烈的兴趣并积极参与。在教育教学方面,注重教育艺术和机智,有强烈的求知欲和成就动机。在教学风格和技巧上,善于经常变换教学手段,激发学生积极思考,鼓励学生参与课堂教学相互交流并讨论各自观点。驾驭教材能力很强,对学生的课堂反应有很强的敏感性;凭直觉进行教学,想象力非常丰富,不拘泥于已有的规划或既定的程序。在班级管理方面，富有创新性的教师在对班集体和学生管理时都在努力创设并维护易于创新的氛围，得以表现融洽的师生关系、同学关系及班集体风尚。信任、公平、宽容、自由、安全、富于创新性的集体气氛是富有创新性的教师进行班集体和学生管理时追求的目标。

二、对于高校定向运动教师创新能力的理解

随着教育部颁布的《全国普通高等学校体育课程教学指导纲要》和教育部、国家体育总局颁布的《学生体质健康标准》的实施（以下分别简称《纲要》和《标准》），高等学校的体育进入了实质性的改革阶段。新《纲要》和《标准》的实施，对高校定向运动教师的素质能力提出了更高的要求。高校定向运动教师应站在专业知识发展的前沿，发现、解决问题，注重自身结构的求新、求异发展。为此，定向运动教师必须具备不断调整和提高获取新知识的能力，具备很强的组织与管理能力，不断改革教学方法，实践创新的能力；能够科学地指导学生，使学生学会学习、学会锻炼、学会获取知识与信息，并能操作与运用；具备创新意识及合作能力、观察能力、分析与综合能力，给学生提供思考及解决问题的机会，能促进学生发挥潜能，创新解决问题的办法。创新教育要求定向运动教师不断补充新的教学思想，开放与动态地呈现知识，实现知识的综合化，提高教师在定向运动教学过程中知识融合、知识渗透以及整合的程度。

（一）高校定向运动教师应具备的知识结构

高校定向运动教师的知识结构与其教学效果和质量密切相关。高校定向运动教师一方面要深化已有的专业知识，另一方面要有广博的综合知识，并能对知识体系加以合理、综合地运用。为更好地适应高校体育改革和发展的需要，高校定向运动教师应具备以下知识结构（见表4-1）。普通基础理论是高校定向运动教师知识结构的基础；专业基础理论是高校定向运动教师知识结构的重心，它会影响教师教学、训练、科研能力的高低。教学学科理论对教师能力的形成起指导作用，是教师能力发展的基础。

表 4-1 高校定向运动教师知识结构

层 次	方 面	具体内容
普通基础理论	基础学科	哲学、政治经济学、思想道德修养、数学、计算机、外语等
专业基础理论	基础理论	人体解剖学、运动生理、定向运动技能、学校体育学、定向运动保健学、体育测量与评价、运动生物力学和生物化学等
	运动技术与理论	实地识图、定向越野、目测和步测距离、指北针的使用等
教学学科理论	教育与体育教育理论	教育教学论、定向运动教学、体育方法论、普通心理学、现代科学技术理论、创新学等

(二)高校定向运动教师应具备的素质结构

创新型高素质人才的培养需要创新型的定向运动教师,教师创新性的思维和具有创新性的教育教学工作对学生的影响既深刻又持久。教师是素质教育的直接组织者和实践者。高校定向运动教师不仅要具备一定的知识结构,而且应具备一定的创新能力(见表4-2)。教育教学能力是定向运动教师创新能力素质的重心,是定向运动教师教学创新能力高低的标志之一。组织、社交、运动训练和体育保健等能力素质是高校定向运动教师创新发展的基础。科研和现代科学技术应用能力是高校定向运动教师提高创新能力素质的根本保证。

表4-2 高校定向运动教师创新能力素质结构体系表

能　力	具体内容
教学教育能力	教育基础学科理论知识运用、编制教学计划、课堂教学组织、语言表达、动作示范、保护与帮助和电化教学的创新能力
运动训练能力	选材、训练计划制订和实施、指导比赛和裁判工作的创新能力
组织、社交能力	组织课外体育活动、组织运动竞赛和社会交际协作的创新能力
体育保健能力	医务监督、运动损伤急救和体质测量评价的创新能力
科研能力	创新思维、协同公关和申报课题、撰写论文的创新能力
现代科学技术应用能力	计算机捕捉信息、实际操作、多媒体课件制作的创新能力

三、高校定向运动教师创新能力特征分析

体育教育是素质教育的重要内容和途径,21世纪的素质教育离不开体育。体育的本质就是促进人的全面发展。人类已进入信息时代,知识经济已初见端倪,而知识经济的生命力在于创新。我国正处在一个重要的历史时期,民族的振兴、科技的发展、综合国力的提高、民族素质的增强都需要大批创新人才,这是时代的要求。中国要在国际上占有一定地位和具有竞争力,必须培养大批具有创新意识和创新能力的人才。定向运动教学过程中要把学生的创新意识、创新精神充分挖掘出来,就要靠创新性定向运动教师用定向运动教学的特点及创新教法和创新精神去感染学生,努力创建定向运动教学的新体系。高校定向运动教师的创新能力自然具有与高校其他专业教师相同的共性,还具有与其他专业教师不同的特性,那么,与高校定向运动教师创新能力有关的特征包括哪些呢?

(一)认知特征

1.观察能力

观察是获得感性材料、寻求创新方向、发现事物变化、抓住事物本质、捕捉实践机

遇的重要途径。只有观察力强的人，才能独具慧眼，把握客观事实。要培养观察能力，首先要养成勤于观察的习惯，然后逐步锻炼，形成善于观察的本领。训练观察能力时，要从多角度、多层面进行，既要看表面现象，又要了解内在实质；既要观察局部，又要观察全局；既要注意偶然事件，也要注意必然规律。在全面观察的基础上，把所观察到的信息进行排列、组合、归类、分析，提出问题，发现规律，并坚持长期锻炼，不断总结经验。

2. 获得知识信息的能力

学校体育事业的迅速发展，需要教师去获取和研究日益增加的有关信息，以便更好地为教学、训练、科研和管理服务。面对大量纷繁无序的信息，需要进行有针对性的搜集整理、加工选择、分类比较、分析研究，探索在学校体育实践中运用这些信息的条件和方法。通过阅读文献、调查访问、座谈讨论、参加学术报告等方法获得学校定向运动有关信息，然后进行分析、比较、整理、论证、推理，必要时辅以计算，最后得出有价值的建议和方案，应用于学校定向运动的改革实践与研究中。信息是创新的源泉。只有掌握了大量有价值的信息，才能为创新提供必要的前提条件。

3. 创新性思维能力

它是构成创新能力的重要因素之一，是人类思维的最高形式，也是整个创新活动的核心。创新性思维能力由想象力、多向思维能力、联想思维能力及捕捉灵感的能力组成。

首先，要具有丰富的想象力。从学校体育已有的创新成果来看，许多新的发明创新源于体育教员丰富的想象力。在学校体育实践中，不断地提出问题是产生想象力的前提；广阔的联想是产生想象力的途径；渊博的知识是产生想象力的基础；丰富的实践经验是产生想象力的必备条件，创新发源于想象。

其次，要具备多向思维能力。善于从多角度、多层面思考问题。创新性思维需要产生不同寻常的思维结果，因此它要求人们从单向思维转向多向思维。对多向思维能力的培养，应注意对某一问题的思考从全局出发，提出多种思路。当思维在某一处受阻时，应善于及时变换思维走向；当久思不得其解时，可引导注意力转向其他领域，用不同的途径去解决问题，寻找各种具有独创性的新设想。

再次，要具备联想思维能力。善于从对一个事物的思维，联系到对另一个事物或另几个事物的思维。创新性思维的本质在于发现看似没有联系的两个或几个事物之间的联系，因此，联想思维可对创新性思维起到积极的引导和铺垫作用。

知识和经验与联想思维能力有着密切的关系，知识和经验越丰富，联想的广度与深度越大，也就越容易产生意想不到的创新结果。若联想能与边缘学科的知识有机结合，将会产生更高价值的新思维。

最后，要具有捕捉灵感的能力。灵感思维是指突如其来的对事物的本质或规律的顿悟与理解，以及使问题得到解决的瞬间思维形式。捕捉灵感的能力是指具有将瞬息即逝的灵感思维紧紧抓住，并及时加工成创新设想的才能。它是经过紧张、深入思考和探索之后产生的思维成果，具有突发性和瞬时性特征。对于灵感思维的出现，人们往往没有心理准备，灵感思维很容易稍纵即逝。所以要及时记录灵感思维的内容，保持思维热度，并适时向纵深化扩大思维成果。灵感的产生与艰苦积极的思维活动、丰富的知识经验及占有大量有价值的信息等因素有关。

（二）知识能力特征

以现代素质教育为主体，以全面提高学生思想品德、科学文化知识和身心健康、发展个性为目标的新型人才培养模式对定向运动教师的思想素养、心理素质、知识与能力特征等都提出了越来越高的要求。由于定向运动教师职业的特殊性，其业务水平、心理品质都会对学生产生深远的影响。因此，加强定向运动教师知识与能力的培养，不仅是时代的要求，也是高校体育教育领域中一场深刻的变革。

1. 知识特征

定向运动教师的知识特征也可以称为知识结构，是指组成教师知识系统各学科之间的组合方式及其比例关系。通过一定中介形式，将各学科的知识组合为创新型定向运动教师体系中的"元素"。就创新型定向运动教师的知识结构"元素"来说，首先是扎实的基础知识。对于教师来说，这种基础知识是多元的，既包括教育学科知识，又包括人体科学知识。教育学科知识方面包括教育学、心理学、管理学等学科知识，人体科学知识方面包括运动解剖学、运动生理学、运动生物力学、运动生物化学、运动医学等。基础知识既是指导定向运动教学工作的基础，也是在教学过程中解决难、新问题的工具。其次要有扎实的定向运动专业知识。这一点对于教师来说不仅是构成知识结构的核心，同时也是从事定向运动教学必备的知识元素。因为拥有扎实的专业知识可以熟练地把握定向运动技术的发展规律和教学特点，并能够迅速获取与定向运动教学有关的各种信息，掌握现代定向运动教学的发展趋势和方向，为不断更新教学理论和方法提供保障。高校定向运动教师除具有本学科知识外，还应具备自然学科、社会学科以及管理学科知识。这些学科知识是现代高校定向运动教学的需要。因为现代定向运动教学是一个庞大而复杂的系统工程，需要有多学科知识的综合应用才有可能驾驭教学活动。定向运动教学的主体是人的教育过程，而人体本身就是一个非常复杂的系统，它不仅具有社会属性，而且具有自然属性。对人体进行创新性的教育当然要从人的本质属性出发，并具备相关学科、相邻学科知识，才有可能使教师所从事的教学工作提高到全新的科学水平上。

2. 能力特征

高校定向运动教师除了具备一定的知识外，还应具备一定的能力，才有可能完成创新过程。这种应具备的能力不仅仅指某一种专项能力，而是各种能力的集合和多种功能及多个层次的综合体。其内在构成可以分为三个层面：整合知识的能力、教学能力和组织能力。

第一，整合知识的能力。

正如前文所言，创新型定向运动教师应该具备多方面的知识，并能通过一定中介形式，将各学科的知识整合为创新型定向运动教师体系中的"元素"。这意味着教师需要较强的知识整合能力。

第二，教学能力。

教学能力是指教师将创意付诸于教学过程中，并让学生在实践中顺利获得体育技术和技能的能力。该能力表现为创新型教师在教学中善于运用综合、移植、改造、重组等创新技巧。现代高校创新型定向运动教师应具备的教学能力主要表现在以下几个方面。第一，定向运动教学过程控制的有效性。因为定向运动教学过程是一个可控制的系统，要想取得较好的教学效果，就必须对教学过程实施有效的监控。第二，要在定向运动教学实践中不断改善教学方法和手段，充分利用现有的定向运动教学成果加强教学的研究活动，重视定向运动教学信息的搜集与传递。第三，要运用现代人体学科知识排除危及学生健康的教学条件和手段，加强对学生的医务监督，使科学的体育健身练习方法贯穿整个教学活动，为培养学生终身体育思想打下基础。

第三，组织能力。

定向运动教学既是一个教学、训练和教育的综合过程，又是一个多层次、多因素、结构复杂的系统工程。其中，教师的组织工作是非常重要的一环，良好的组织工作能把教学的各种因素、环节等有机地连接起来，最优化地发挥其功能和作用。如果没有组织工作能力，要想完成好教学任务是不可能的。

组织能力培养是定向运动教学一个较为复杂的过程，它涉及定向运动教学的内容、形式和步骤的各个环节。这就需要教师在定向运动课的组织上进行周密的设计，使教学在具体的实施过程中得到落实。因此，组织能力也是定向运动教师创新过程必备的能力之一。组织工作在定向运动教学中起纽带作用。在教学大纲的规定下，教师运用教材，结合具体情况，制订各种计划，选用教材，合理使用场地和器材，充分考虑气候环境等时空条件，针对学生具体情况，做多种多样的组织工作，把教学的诸因素串联起来，这样才能把教学工作具体化、系统化、完整化，所以说"组织工作"是定向运动教学工作的纽带。另外，由于教育中的诸因素都通过组织这一手段进行组织、配合，使整个教学过程有良好的目的性、计划性、系统性、程序性、整体性，因而能使定向运动教学朝着预期的目的进行。比如，在组织工作中的措施、常规要求等就明显地体现出对教学顺利进行的保证作用。而且，组织工作对定向运动教学起着优化作用。为完成定向运动教学工作，必须尽量努力选择和发挥各教学因素的应有作用。因此，组织工作本身应该是科学的、讲究效率的。好的组织工作，必然会对教学起优化作用。比如，科学地确定学生练习的内容、方法、形式、次数和要求，会收到良好的练习实效。

3. 人格心理特征

创新的时代赋予了教师创新的机遇，创新的事业为教师提供了创新的舞台。社会的发展、学生的成长需要教师去创新，创新型教师的成长需要从创新人格心理特征的形成起步。"教师的人格，即教师的职业人格特征，是从事教师职业的个体所应具有的个性心理品质。"教师的职业表现对学生的影响是长期的，不仅影响学生的学校生活，还影响学生的未来。因此，教师的人格和心理健康水平直接或间接影响学生人格和心理的发展，影响教育的效果。"定向运动作为学校教育的重要组成部分，是与学生直接接触最多、互动最充分的一门学科，定向运动教师的人格和心理健康也必然对学生产生重要影响。"目前，有关教师人格、心理健康的研究很多，但大多集中于文化课程，对于定向运动教师的研究相对较少。我们认为，高校定向运动教师的人格心理特征应该包括如下几个方面的内容。

第一，执着而坚定。

创新的教学活动和过程是一种充满探索性和实验性的工作。其间难免遇到困难甚至失败，可能还会遭到传统评价者的指责，受到别人的冷嘲热讽，遭遇学生和家长的误解。因此，创新型教师需要具有坚韧不拔、百折不挠的意志品质。因为教育的效果并不是立竿见影的，其效能的证明需要时间。当人们长期沉浸在一种既有习惯中时，往往对创新者的行为熟视无睹，甚至产生对创新者失败结果的渴望，从而对创新行为产生巨大的舆论阻力，使创新者承受强大的心理压力。"教育工作往往是育人过程在学校，育人效果体现在社会，存在评价上的空间差和时间差，因而创新型教师应对学生产生负责的态度，执着坚定、无怨无悔地对待学生与事业。"

第二，灵动而有激情。

爱因斯坦说："促进人们去做这种工作的精神状态是同信仰宗教的人或谈恋爱的人的精神状态相类似的，他们每天的努力并非来自深思熟虑的意向和计划，而是直接来自激情。"教师的这种深厚的情感来源于对教育事业的热爱，他不单把教师职业当作一种谋生的手段，而是当作能够实现自我价值、能够从中得到快乐和幸福的事业，并且确信通过自己的努力，可以得到社会的认可与尊重。与此同时，他也不单把学生视为工作的对象，而是当作能与之相互学习、交流的友人。源于教师内心对教育事业的无限热爱与不懈追求是教师创新的源动力和发动机，是教师创新的灵魂。

西方很多学者也认为，人的创新力、竞争力、工作效率与人的性格有关。成功人士大多充满激情、征服欲强、进取心强。在创新性的影响因素中，情商因素不逊色于智商因素，带着感情看人，带着感情做事，往往会收到意想不到的成果。现今不少管理者和教师在管理工作和教学工作中都极其注重对学生情商因素的研究。研究表明，情商因素通过对个体情绪、心境等诸多微妙心理因素的影响，加强或弱化人的意识、动机，从而进一步影响人的具体行动。创新型定向运动教师应当具有稳定的情绪，同时必须富有激情，其情感和思维是灵动的，以此来推动创新动机的形成，激发创新欲望。托尔斯泰说："我们创新，没有激情是不行的。"特鲁斯坦雅克说："如果有人认为世界上有什么比教学这一职业更崇高，那么他们一点也不了解这一行。我们热爱教学，热爱学生，热爱自己所教的学科，我们充满了创新的激情。"

第三，明显的开放性。

开放性是指教师的变通性和包容性，也是指教师爱好交流与学习，具有多维的价值观，能够多角度、多层面地分析问题，研究现象，能够接受不同的意见，倾听来自不同方面的声音，能够分析、整合不同信息，形成全面、生动的评价。现代社会是一个全方位开放的社会，封闭不会引发创新，不会引起思维的开放，人格的开放能够互相启迪，求异求新。因此，社会要开放，国家要开放，学校要开放，思维要开放。具有开放性人格特征的教师才会培养出具有开放性和创新性人格的学生。"创新型教师是善于沟通，热衷学习的教师。教师要善于运用实地观摩、专题交流、网络查询等手段和途径，借他山之石，学他人绝技。"

开放性是创新型定向运动教师人格特征的重要组成部分。21世纪的教育，应该是开放的、创新的、以培养创新型人才为根本目的的教育。研究和探索高校定向运动创新型教师素质的培养，注重高校定向运动教师的开放型人格特征的塑造，是中国定向运动教育改革与发展的需要，也是新时期定向运动教育事业发展的需要，更是现阶段创新人才培养的需要。因为，只有具有开放型人格特征的教师，才会培养出具有开放性和创新性人格的学生。面对知识经济大潮，面对世界文化范围内知识共享的机遇，高校定向运动教师应该在思想上开放，在视野上开放，适应教育发展的需要，因为创新意味着进一步深化思想深度、进一步拓宽视野广度。

第四，明确的目标和强烈的自信。

明确的目标，是高校教师行为的准则；强烈的自信，是高校教师行为的内在驱动力，也是创新思想不竭的源泉。要创新，就必须打破以往的"思维定式"，突破过去的"框框"；要创新，就必须采取新的教学内容和方法。只有有了目标和自信后，才可能树立面对困难、挫折与失败的勇气，才能不断地扬弃自我、超越自我。唯其坚定自信，才能以昂奋的精神状态去拼搏、去奋斗。

第五，顽强的毅力和果敢的行为。

每一个创新的目标都是高强度的智力与意志的活动。高校定向运动教师如果没有在一定时间围绕某一创新目标持久而专一的热情与不达目标誓不罢休的决心，就不可能开展好创新教育并获得成功。正如爱迪生所说："天才是1%的灵感与99%的汗水。"要培养大学生的创新品质，教师没有"不管风吹浪打，胜似闲庭信步"的坚韧性是不可能实现的。在开展创新教育的过程中，有很多事情是需要教师"决策"的，而如何决策却含有一定的"风险"。为此，不怕失败，不躲避困难，迅速地明辨事实，机智灵活地防范利弊，果断地做出决策，才能达到创新的目的。

第六，竞争意识和危机感。

马克思认为："竞争是人类进取心的反映。"列宁也曾说过："竞争是极力地在广阔的范围内培植进取心、毅力和大胆向前的精神。"俗话说，"打铁先要本身硬"。这些话都向我们揭示一个道理：培养大学生的竞争意识，高校定向运动教师的竞争意识要灵活。创新人走的是别人没走过的路，要竭尽全力独辟蹊径，要在百舸争流的竞争中不甘落后、有新成就，因此，缺少竞争意识是绝对不行的。同时，我们也必须看到，危机感与竞争意识是一对孪生兄弟。特别是在当今改革与开放的社会生活中，机遇与挑战并存、困难与希望同在，只有时刻在自己头上高悬一把达摩克利斯之剑，才能在巨大和深刻的变革中，迎接更大的挑战。

第七，强烈的好奇心和质疑精神。

对科学现象和教育教学现象是否具有强烈的好奇心，对权威和书本是否敢大胆质疑，是教师创新性思维的重要因素。拥有好奇心和质疑精神的教师，往往对未知和不确定的事物、现象充满兴趣，这种好奇心和质疑精神使他们能比他人更准确地发现事物的不完善、知识的空白、成分的残缺、关系的不协调，也使他们能从偶然的现象、表面的现象联想和探寻到事物的本质、内在的联系，为进一步的创新奠定基础。在教学、科研工作中，这些教师往往敢于标新立异，经常有惊人的"一鸣"，善于总结事物发展规律，但不受传统思维模式限制，常有超乎常理却又符合事物发展规律的想法和观念。

第八，打破陈规的意识。

教育工作的目的是把具有不同特点的学生教育成社会需要的各个方面的人才，所以教师不能墨守成规，也不能一味囿于个人经验，而是要敢于借鉴、勇于开拓、打破陈规，依据课程变化、学生变化的具体情况，不断寻求适合教育对象和自己的教育方案、方法和手段，使自己的教育教学活动更加科学、完善，并逐渐形成自己独特的教育风格。受传统观念的束缚，中国教师非常注重别人的看法和评价，导致其在教育教学工作中畏首畏尾，缺乏创新能力。因此，这种打破陈规的意识对于培养教师的创新人格非常重要。

四、培养定向运动教师具有创新能力的意义

教育对人的个性张扬，以及对人的创新精神的高度关注，体现了我们这个时代的灵魂。当前我国教育改革的核心目的就是培养学生的创新性。改革就是消除制约学生发挥创新性的因素。教师是学校教育活动的组织者和实施者，也是学生智慧的开拓者、心灵的陶冶者，教师的素质必然成为培养创新性人才的关键因素。

（一）创新能力的提高有利于定向运动教师自身的发展

人是在创新活动中通过创新来完善自身的。学生的成长和教师的发展具有同样的意义，甚至从某种角度上讲，后者要重于前者。因为，教师的发展是教育成功和学生发展的前提，也是丰富与提升教师生命内涵的实现途径。教师创新性的提高应是教师发展的重要内容和主要目标。如果教师能把"培养人"作为真实的教育目标，把"自我发展"作为个人价值的选择，那么，他们在工作中面临的一切困难和障碍都只是对现有的知识、能力、人格发出的挑战，是推动他们不断学习、反思、探索、创新的不竭动力。正如叶澜所说："只有用创新的态度去对待工作的人，才能在完整意义上懂得工作的意义和享受工作的欢乐。"

注重定向运动教师发展和定向运动教师专业化已成为当今世界各国定向运动教师教育和师资队伍建设的主要趋势。通过提高定向运动教师专业化程度，来提升定向运动教师地位，提高定向运动教师工作质量，达到促进教育发展的目的。因而，研究定向运动教师发展、定向运动教师专业化是当代教育领域的热点课题。舒尔曼曾指出，定向运动教师专业化应具备以下六个方面的基本特征。

①在服务社会过程中将道德力量与知识创新联系起来。

②以先进的教育理论与专业知识作为职业支撑。

③定向运动教师的专业知识在实践中应用和发展。

④面对教育实践的不确定性做出正确的判断和决定。

⑤在实践反思中发展自身的经验体系。

⑥依赖专业团体实现合作探讨和专业评价。

上述六个方面特征的实现无不有赖于定向运动教师创新性的发挥，创新使定向运动教师的教学超越了以往工匠式的教学技能模式，走上了反思探究、自主发展之路。创新性的高低也成为衡量定向运动教师专业化程度和发展水平的重要指标。

（二）创新能力的提高有利于学生创新性的培养

很难设想，如果教师自己对世界并不好奇，他怎么会使学生产生好奇；如果教师自己

的思想是封闭的，他怎么会使学生形成开放的态度；如果教师自己没有体现出反思的价值，他怎么会使学生重视思考；如果教师本身不具备创新的态度和价值观，他怎么可能有效地教授学生？教师不仅需要熟练掌握学科知识，具有认识世界的独特视角、维度与思维方式，而且更应该充分挖掘学科领域内伟大的发现过程与创新过程，展示其中蕴含的科学精神与人格力量。也就是说，教育应该用富有创新精神的人去培养、塑造具有创新精神的人。

美国心理学家托兰斯研究发现：教师在培养创新性动机测验中的成绩与学生的创新性写作能力之间存在一定的正相关性，这说明教师创新性的高低对学生创新性的培养是相当重要的。另一项研究探讨了教师的态度对学生创新性的影响：教师对学生自主性的认识，与学生倾向于挑战、好奇、独立控制自己的愿望有明显的相关性。可见，教师在教学中的态度会影响学生的内部动机，进而影响其创新性。因此，定向运动教师的热情会带动学生的热情，定向运动教师的创新会引发、带动学生的创新。从这个意义上我们可以说，定向运动教师的创新性是学生创新性的源头活水。

（三）创新能力的提高有利于学校教育改革的实现

教育改革是学校教育前进的动力与过程。学校教育改革的实现与教师创新性的发挥和提高应该是统一的过程。而以往的学校教育改革，基本上走的是一条从外而内、从上而下的路子。常常是由某种理论作先导，行政手段作鞭策，在学校中贯彻、实施、推广。教师只是改革方案的简单执行者。当今，无论是理论研究者还是实践工作者都意识到：任何一位教师以及他所面临的任何一个教育情境，都是具体的、独特的、不可重复的，他长年积累的独具个人性的实践经验是其他人的经验无法替代的，也是任何一个理论都不能完全验证、解释得了的。以往的教育改革实现的仅仅是物改，着眼于教科书、教育技术设备、教育制度的改变，忽视的是教师教育观念、教育教学行为的改变，教师工作方式的改善及其能引发的教学模式的真实改变。如果不能充分发挥定向运动教师的积极性与创新性，并且落实到具体教学实践中，中国的教育改革，就如钱理群先生在一篇序言中所说的那样，"仅仅成为一阵喧嚣"。

杜威曾强调："所有其他的改革都取决于从事教师职业者的素质和性格的改革。正因为教育是人的一切事业中最个人化的、最切己的，它的力量的最后凭借和最终来源便在于个体的训练、品质和智慧。假如能拟订一种计划，使教育这个职业得到有力量、素质好、同情儿童以及对于教学和学术问题有兴趣的人，那么，教育改革就不再有一点麻烦，也用不着再去解决其他的教育问题了。"事实上，教育的真实改变应该体现到人的改变上。只有深入教师活生生的教学生活中，了解教师的"个人化理论"，帮助教师学会在教育行动中反思，才能培养其自我创新意识和自我创新能力。每一位定向运动教师能够认清并改善自己的工作方式的时候，就是教育改革真正获得实效的时候。

第三节 高校定向运动教师创新能力提高策略

《学会生存》中明确指出："教育具有培养创新精神和压抑创新精神的双重力量。"好的教育能够充分施展培养创新的力量，提高受教育者的创新素养，而不恰当的教育则可能会对创新形成打压。因此，加强定向运动教学的创新教育，必须先审视教育自身，必须从教育和教育者的自身改革创新做起。

一、更新观念，提高创新意识能力

（一）树立正确的创新观念，不断增强创新意识

观念影响人的思维和行为，同时也影响人的能力发展。要实现创新能力的持续发展与提高，定向运动教师首先必须树立正确的创新观念❶。一是定向运动教师要有创新的价值观。创新是人类赖以生存与发展的重要手段，是社会前进的动力，是个人成才的基础。创新能力是生产力诸要素中最核心的要素，具有神奇的力量。创新是人类本质的最高体现和表征，发展创新力就是维护人类的天职，就是珍惜人类进化的成果。二是体育教育要有动态的知识观，不能把知识看成绝对的真理，不墨守成规，不迷信权威，敢于标新立异，不以固定观念看待事物，不以老经验解决新问题，要认识到知识在被个体接受之前，对个体而言是毫无权威的。教师对知识的学习接受，要靠自己的建构来完成，以自己的经验、信念为背景来分析知识的合理性。三是定向运动教师要有积极的文化观。"历史发展表明，积极的文化观念对创新能力的发展和发挥起推波助澜的作用。而消极的文化观念则会严重制约创新精神和创新能力的发展。"创新意识强的人会有强烈的创新欲望和创新勇气。定向运动教师的创新意识就是定向运动教师在教学和训练过程中，从不同寻常的独特角度来分析或解决遇到的难题的思维方式，它包括一个人强烈的进取心和坚定的自信心。定向运动教师只要树立起正确的创新观念，对创新具有客观的认识，就会打破传统体育课程体系和教学模式对教师思想的束缚，不断进取，认真学习，勇于探索实践，善于观察研究，不断感受到通过辛勤劳动获得创新成果的乐趣，能不断地进行自我激励，敢于尝试，不怕失败，开拓进取，使自己的创新意识和创新精神得以强化、发展和弘扬。

---

❶ 马顺江.高校定向运动教师创新教育思想的树立[J].孝感学院报,2010,30(6):82-84.

（二）要善于思考，不断发展自己的思维能力

思维是创新能力发展的关键，是创新的源泉，人类所创新的每一件物质产品和精神产品都属于思维的结晶。各种思维能力直接影响创新能力的形成与发展，发展自己的思维能力应注意以下三点：首先，必须克服定式思维，形成独立思维。问题是创新之母，也是探索事物的开端，形成和培养自己的创新能力，必须养成独立思维、善于提出问题的习惯。人是有求异心理的。对于自己的独创性见解，只要能自圆其说，有合理性，就应自我激励，敢于想象。创新在求异多变的定向运动教学中体现为，教师应灵活地运用知识、技术，克服常规化、模式化的思维定式。其次，要善于运用发散性思维。从多层次、多角度去思考问题，寻求解决问题的方法和创新设想。心理学家也认为，"创新能力正是经发散思维表现出来的解决问题过程的流畅、变通与独特三方面特征的能力，发散思维水平的高低在某种程度上决定了创新能力水平的高低。"因此，定向运动教师在教学实践中，应善于激活和运用自己的发散性思维。最后，要善于发挥自己的想象力。在定向运动教学中，教师应通过动用自身的知识、技能，不断实践，不断提出问题，广泛联想，以挖掘和提高想象力，注重自己创新思维的训练，激发创新活动。

二、改善环境，强化外部创新条件

德国心理学家海纳特认为，造成教师创新性匮乏的一个重要原因是当今学校和社会不重视人的创新能力。因此，为了培养创新型教师就必须为其营造创新的环境，包括学校环境和社会环境。学校是定向运动教师施展创新活动和实现教育理想的重要场所，对定向运动教师创新性的发展有重大影响。学校要努力营造浓厚的学术气氛、宽松的政策环境、优良的群体结构、良好的人际关系等软环境，为造就一批学者型、研究型、创新型定向运动教师提供最基本的条件；学校应重视定向运动教师的科研成果，使他们的科研积极性和创新性得到发挥；学校应为定向运动教师创设团结、协作的环境，使定向运动教师心情愉快、精力充沛地完成各项科研任务。学校要努力营造创新性环境，实施创新性管理，最大程度地把每一位定向运动教师的潜能激发出来，使其个性和特长得到自由、全面的发挥。

（一）大胆创新，创新性地使用场地器材

体育场地、器材设备是完成定向运动教学任务的基本条件。不可否认，我国对各级学校体育的场地、器材经费的投入还不是很多，存在活动场地不多、教学器械不足、设施简陋的问题。这就要求定向运动教师发扬主人翁精神，在原有场地、器材的基础上进行创新，大胆设计，合理安排，为创新的定向运动教学提供物质保障。

（二）积极努力，不断创设有利于创新能力发展的环境

要实现定向运动教师创新能力的持续发展与提高，必须具有有利于创新的宽松、和谐的良好环境，主要包括教学环境和学术环境。要创建有利于创新的教学和学术环境，教学管理部门应在创建宽松、民主、高效的教学、科研氛围方面进行改革。建立一个创新型的领导集体，带领广大教职员工进行创新性活动。因为富有创新精神的领导能给定向运动教师们起到示范和引导作用，也只有这样的领导集体才能创设自由的氛围，才能尊重定向运动教师，并为定向运动教师创新提供支持。建立激励机制，从政策和制度上为定向运动教师的创新活动提供条件，调动定向运动教师的积极性，发挥定向运动教师的能动性；对定向运动教师的创新活动应给予积极的支持，及时做出有利于促使定向运动教师创新活动的评价，给予创新的定向运动教师应有的激励或奖励，对定向运动教师的创新成果应积极地推广应用。为定向运动教师提供各种方便和机会，尽力帮助定向运动教师解决实践过程中的困难，消除他们对创新结果的后顾之忧，同时对创新成果积极推广并予以重奖，让每一位定向运动教师勇于实践、敢于探索、善于创新；广泛宣传，使定向运动教师能够看到创新的价值和意义，进一步促使定向运动教师创新活动的开展，强化创新意识，使定向运动教师在创新过程中不断地发展并提高自己的创新能力。

（三）完善体系，建立健全创新保障制度

创新保障制度，即创新保障体系的制度化形式，具有规范性和约束性。它不仅对管理者的责任和义务做了规定，同时对教师创新活动所应遵循的基本原则做了规定，做到有法可依，有法必依。将各自的责任和义务及权利透明化，一方面有利于管理者提高管理效率，接受他人监督，另一方面则有利于激发教师的创造性。创新保障制度应涉及以下内容：对管理者而言，高校内部的仪器设备、图书馆资料以及为教师信息化提供的一些基础设施等能满足教师教学与科研的需要；组织教师参加对外交流，包括学术交流、继续教育和在职培训；对教师创新成果的肯定和承认，设立一定的奖惩标准等。创新保障制度的建立，需要管理者、教师、学生等学校成员的共同参与和讨论，以做到决策民主化，并在实际工作中不断完善，逐步建立符合本校实际情况的创新保障制度。

三、自我培育，提高创新实践能力

（一）认真学习，不断获得丰富的知识和熟练的技术、技能

"创新必须有突破，要突破就必须创新。创新必须继承好前人的知识、技能，掌握前

人总结的经验。""将旧有的观念或存在组合在一起，形成对社会有价值的新的精神观念或物质存在。"心理学研究表明，个体的创新性与个体的智力、个性及知识有关。由此可见，知识和技能的学习与掌握是创新能力发展与提高的基础。定向运动教师要实现创新能力的持续发展与提高，就必须在学习中巩固现有专业知识、技能和文化知识，还要博览群书，学习新知识、新兴体育项目和运动技术，不断开拓自己的知识面和技术、技能面。因为现代社会的新知识、技术层出不穷，知识更新速度越来越快，新知识、技术的学习对定向运动教师创新能力的形成与发展具有非常重要的作用。信息社会的到来、国际互联网的普及、延伸和覆盖面的增大，为广大定向运动教师提供了丰富的学习渠道；继续教育的实施也为定向运动教师提供了学习机会；进修、培训、攻读学位等都为定向运动教师的继续学习和深造创新了条件。定向运动教师只有抓住机遇，勤于求知，才能不断获取应有的知识、技能，才能以丰厚广博的知识、技能为自己创新能力的发展与提高打下坚实的基础。

（二）勇于实践，不断发展创新实践能力

发展创新实践能力主要通过教学和科研两条途径。定向运动教学具有实践性强的特点，教学过程就是在规定目标、内容、任务的前提下，教师运用教育理论，面对不同群体（学生），将知识、技术最大效率地传授给学生，获得最佳效果的过程。在这个过程中，部分要素是固定一致的，但教师的知识层次、相关知识面、技术专长、教学能力及学生群体的素质、知识的接受程度、技能的形成等是千差万别的，那么最高效率和最佳效果的获得就需要教师根据各种要素，发挥专长优势，符合学生实际，采用最优化的教学手段，形成最优化的教学过程。实际上，这就是教师的教学创新实践过程。体育科研就是根据学校体育的已知因素和发展变化规律，凭借个人的学识和思维能力，预测未来发展结果或可能出现的现象。研究中的预测能力决定了选题和研究思路，调查实验能力直接影响调查实验设计、过程和效果等。科研过程实际上也是一个创新实践的过程。科研能力直接影响创新结果。因此，教师必须勇于实践，积极从事教学探索和科学研究，勇于创新，在实践中不断提高自己的创新能力。

（三）努力探索，不断发展个性

个体的个性与创新性有关，创新能力的发展与提高必须从塑造自己的个性入手。定向运动教师塑造自己的个性必须从四个方面做出努力：一是具备人的共性。要想立业，必先立人。普通人具备的素质，自己必须具备。定向运动教师是知识分子，必须具备知识分子的共性。要塑造出色的个性，必须先成为一个优秀的人，这是成为一个优秀的知识分子的前提。二是追求独立的人格。追求独立的人格就要有"富贵不能淫，贫贱不能移，威武不能屈"的独立人格精神，树立主体意识。这就意味着发挥自己的能动性、主动性、选择性

和创新性，意味着追求自己的理想和人生价值目标。工作中要善于体验主体意识的满足所带来的快乐与激情，力争做一名具有主动性的人，成为自觉的创新主体。三是发挥个人的优势。定向运动教师各有自己的知识结构、技术专长、工作能力和兴趣爱好等，每个教师的综合素质各不相同，每个人都有自己的短处，也有自己的长处。虽然人有所长，但不一定每个人都能准确地看到自己的长处，关键是自己要能发现这种优势，发现了自己的优势，就要在教学中努力地运用它、强化它，进而形成鲜明独特的个性特征。四是全面展现自我。定向运动教师如果发挥个人优势是个性某一点上的深化和突破，那么全面展现自我就是个性丰富性上的拓宽与完善。"个性是一个多素质系统，本质上是丰富多彩的，有时甚至存在矛盾因素。"人是一个有机的整体，个性中的多种素质是相互作用、相互影响的，只要我们认识到这一点，运用多维方法努力探索、思考问题，将多种素质（包括矛盾因素）建立联系，就会产生新的解决问题的方法。定向运动教学是一个开放性的教育过程，它具有创新性探索和研究的性质，因此，定向运动教学也是一个不断开拓、不断创新的过程。作为定向运动教师，要敢于突破权威思想，敢于提出变革的见解，大胆探索，使自己具备创新精神，才会使教学科研成果不断提高。

第五章 "互联网+"时代背景及定向运动教学研究

当前社会处于信息化时代，信息的高速传播主要借助发达网络实现。鉴于此，"互联网+"成为近阶段非常火的名词，这一话题的提出并不是偶然的，而是与时代发展需求相适应的，可以说，这是时代发展的产物。

信息网络的迅速发展和广泛普及，对于整个社会来说，起到的作用都是非常显著的，在经济、政治、科技、文化、教育、体育等方面都广泛应用了信息网络技术，这也反映了"互联网+"的现实意义。本章主要对"互联网+"的发展背景、内涵与特征等基本信息进行剖析，并对"互联网+"在定向运动教学方面的应用及其发展形势进行了探索。由此，对"互联网+"及其在定向运动教学方面的应用与发展有基本的了解与认识，为后面更加深入的解析奠定基础。

第一节 "互联网+"的发展背景

一、"互联网+"是近阶段最火的概念之一

前几年，"互联网+"就已经逐渐普及并迅速发展，受到很多学者的关注，研究的频率也非常高。可以说，"互联网+"已经深入人心，而且作为新经济现象的代表被人们接受和青睐。不同的人对新鲜事物的感知能力会有所不同，一些人已经感知到了"大众创业、万众创新"的"互联网+"大时代以不可阻挡的势态悄然来临，并会在未来的日子里深远影响整个世界。当然也有人对此的感知要差一些，但不管如何，"互联网+"时代的来临是客观发生的。

"互联网+"概念和行动计划的提出，不仅让大家初步了解这一概念，还为大家提供了

无限的想象空间。

（一）"互联网+"的概念及其提出

早在2012年，"互联网+"的概念就已经提出来了，当时，这个概念还只是处于探索阶段，是一个在互联网圈内发展的理念，对于它的理解，主要为：它是互联网对传统行业的渗透和改变。经过近几年的发展，"互联网+"已经上升到国家战略和行动计划的高度。

（二）"互联网+"的功能体现

对于当前信息智能文明时代来说，诞生于工业文明时代的商业模式，已经无法使当前人们的生产、工作、生活方式的需求得到有效满足，就像农耕文明时代的商业模式不能适应工业文明时代一样。

如今已进入信息智能文明时代。在这个新的时代发展过程中，需要完成一项重要任务，即寻求、发现和认识什么是这个时代最先进的生产力、交换力和消费力。要完成这一任务，就必须对各种商业旧思想、旧模式、旧框架进行深入改革，采用新理念、新模式、新结构。只有这样，才能将规模庞大的信息智能经济创新出来，启动并坚实地承托起更便捷、更安全、更幸福、更有价值的高品质生活模式。

在全球信息化的推动下，全世界各个传统领域中越来越广泛地应用互联网技术，正因如此，传统劳动演变成智慧劳动和应用服务，能够通过"互联网+"进行再运用或再分配，其价值得到增加，与智慧劳动有着密切的关系。

在这样的情形下，经济能够将其强劲的渗透力和影响力充分发挥出来，将创新的智慧劳动和智慧经济带到社会的各个角落，对各行各业的方方面面都产生影响，而且这种影响是全方位的、深刻的。

这里所说的"互联网+"中的创新智能劳动，作为劳动形式的一种，并不是唯一的，其他劳动形式仍然是存在的。还需要强调一点，创新智能劳动的产生，并不是全面否定了传统经济形式的存在，相反，创新智能劳动会积极提升农业经济、工业经济、服务经济。由此，在"互联网+"经济和环境下，物质型经济所得到的提升程度会更大，只是在整个社会经济的贡献值和地位相对于"互联网+"经济是有所下降的。"互联网+"经济在各个经济结构中的贡献值，迟早会代替物质型经济在整个经济体系中的主导地位，这一点是毋庸置疑的。

当前，"互联网+"的应用，不仅范围上不断扩大，深入程度也越来越高，其中，以互联网和数字产品为主导的数字生活，在向智能生活模式转型时，速度是非常惊人的，还充分展现出了"互联+万物+云计算+创新+智能终端"="互联网+"的集成态势，发展的速度也非常惊人，由此，人们的活动时空得到了极大的拓展。由此可见，"互联网+"在作为一个简单的信息交互工具的同时，也是转向成为一个具有全面应用功能的综合生活平台和工作平台，除此之外，还在很大程度上支撑着未来的信息智能文明生活。

当今世界，对商品成交率产生影响的因素有很多，其中，具有决定性影响的因素主要有信息传播的速度、交易的速度、决策所需的时间、信息传播的成本、交易的成本，同时，这些因素也是衡量一种新的商业模式是否先进科学的最重要标准。

作为一种智能文明新生态，"互联网+"毋庸置疑是近几年最火的概念之一，其在商业方面有着得天独厚的优势。同时，还将其显著的可持续性、可分享性、可共赢性特点充分体现了出来。由此可以预见，我们未来生活的主要形态是"互联网+"环境支撑下的生活，社会经济也将变为"互联网+"环境支撑下的经济。

（三）"互联网+"的显著优势

从上述内容可以发现，"互联网+"是一种智能文明的新生态，具有显著的特点。通过对其精髓的分析可以得知，它是对物实现连接和操控，同时通过技术手段的扩张，赋予网络新的含义，实现人与物、物与物之间的相融与互动、交流与沟通。由此，这里可以将"互联网+"的优势大致归纳为以下几个方面。

1. "互联网+"是互联网的一种延伸

"互联网+"与互联网之间的关系是非常密切的，前者是后者的延伸，而不是后者的翻版或接口。

"互联网+"在经过互联网的扩展之后，也具有了互联网的特性，但是，其本身的特殊性也决定了其所具有的有些特征与互联网是不同的。具体来说，"互联网+"能够实现由人找物，也能够实现由物找人，不仅能通过对人的规范性回复进行识别，还能科学选择方案。

2. 合作性与开放性以及长尾理论的适用性

对于"互联网+"来说，其在应用中所表现出来的显著特征，就是合作性与开放性以及长尾理论的适用性，正是因为具有这些特征，才有效促进了"互联网+"经济的蓬勃发展。

在人物一体化形式的推动下，"互联网+"在性能上会得到进一步强化，具体来说，能使人和物的能力得到有效拓展和提升。从网络的角度来说，人与人之间的接触会因此有所增进，其中更多的商机会被发现和发掘。

这里所说的合作性与开放性，所指的范围比较广，不仅仅局限于物与物之间，还指人与物之间。互联网的合作性与开放性这两大特征对其当前的繁荣发展有着非常积极的推动作用。具体来说，开放性特征能够使无数人通过互联网实现他们的梦想；合作性则成倍增加了互联网的效用，使得其运作与经济原则的适应程度更高，从而使其竞争占据了先天优势。

3. 超大容量

"互联网+"的信息存储量已经超过了世界上最大的图书馆，并且这一过程很短，只用了几年时间就实现了。因此，"互联网+"现在已被公认为是人类最庞大、最综合的信息源，并且这是一个拥有不断自我更新机制的网络。从理论上讲，网上每秒钟的信息都在变化，是一个非常态性的文化存在形式，它是在动态中保持总量增加的载体。

4. 高度一致性

"互联网+"在网络建设费用与信息传播的公众性方面已经形成了良好的平衡状态。在这种平衡状态下，同电话使用与费用结算形式之间存在类似的关系，这就妥善解决了在有效使用中进行合理收费的问题。

5. 高度共享性

"互联网+"的并行能力是非常强的，能够允许在同一时间内对同一信息库进行同主题的多用户访问，这就基本实现了资源供给与需求的一致性原则，避免了信息资源的浪费情况。这种世界性的信息文化，在特点和表现形式上有极大的趋同性。

6. 超宽领域

起初，"互联网+"的发展方向就已经明确了，即综合性、大众性，也就是说，任何领域的公共信息和绝大部分专业信息都可能在网上存在，并许可访问。

7. 消除信息传播弊端

"互联网+"将传统信息传播对于接受者在获取信息时间上的固定化打破了，这就为信息使用者提供了较大的便利，也使信息使用的时值峰差难题得到有效解决。但是，又在整体信息源的完整上进行了良好的保留，同时也使个体的多样化需求得到满足。

8. 高度自主选择性

互联网作为一个大型的信息超级市场，具有显著的开放性和超宽领域、超大容量性等特性，这些组合起来，就形成了"互联网+"上特有的高度自主选择性，同时，信息传播和使用的效率也大大提高。它在信息组合形式上具有大数量级的可能，并拥有信息多次组合、多重组合的状态，而且这是在自由状态下的非固化组合。

9. 对信息储存与传播地域的突破

从理论上说，只要有网络覆盖的地方，就可以进行网络访问。由此可以看出，信息文化可以通过一种极为广泛的世界性形式存在和被使用。

10. 自由对话

国际"互联网+"给每一个上网用户都提供了前所未有的、十分广阔的自由对话领域，使不同文化背景下的个体间接触越来越密切，大大方便了个体间的异地远程联系。在网上，不管是什么主题、什么文化形态，不同个体间的联络都可以实现，而且运行成本非常低。

11. 综合社会服务功能

除了上述这几个方面的优势外，"互联网+"还具有功能综合性的显著特点，主要表现在教育、科研、医疗、国防、商务、政治、艺术、体育等各方面、各层次的服务功能上。

二、"互联网+"是时代的发展产物与选择

近年来，在全球范围内，从所有的经济领域的角度来说，信息技术化是发展的关键所在，未来更是创新信息智能互联化。

信息互联在各国经济中有着非常突出的核心地位，这是其他方面所无法替代的。不管是在农业、制造业、服务业，还是政府部门，信息互联已经成为一个"普遍深入"的现象。

这些技术的联动，最终实现的是世上各种有形的、无形的资源在时空上的利用最大化、安全保障化、成本最低化。

在成为全球第二大经济体后，中国将面临经济结构调整和均衡的挑战。由此，我们不由得提出这样的问题，中国经济增长的转型能否顺利实现？需要借助的力量有哪些？

通过与当今全球经济的运行环境和整体发展趋势相结合的形势发现，我国经济结构调整是否成功，主要的决定性因素是我们的"互联网+"经济，换言之，就是"互联网+"经济在整个经济结构中所占的比重和影响力，在很大程度上决定了信息互联经济的发展程度。

通过相关的实例分析和归纳总结，可以得出以下几点结论。

(1)全球经济处于低迷震荡的状态，但作为"互联网+"经济的基础——信息经济，却呈现出持续增长的态势。

(2)在全球一体化进程的推动下，和谐经济框架的受重视程度再度提升，更是到了经济发展的首要位置上。

(3)从中国经济运行的数据可以看出，中国经济正处于结构性调整的状态。

在这样的时代背景下，我国政府提出在经济结构调整和发展方式上要实现三个目标，实现途径所涉及的领域中，主要为"互联网+"经济领域。

(1)由投资和出口的拉动积极转变为向消费、投资、出口协同拉动。协同就是需要同步提高，其中，最好、最大的动力源就是高科技的应用。

(2)由工业带动积极转变为一产、二产、三产协调拉动。一产、二产、三产的创新化应用和信息经济比重提升，这些都对整个"互联网+"经济体的单位成本构成产生了直接影响。

(3)由过度依靠资源消耗积极转变为依靠技术、管理、创新方面。"互联网+"经济是

在科技和创新的基础上实现的，"互联网+"经济在整个经济体的份额中所占比重的高低，能够充分反映将整个经济体资源消耗依赖度的下降程度。

这些"互联网+"经济的技术、管理、创新等要素的变化结果，最终能够将我国经济结构转型的程度反映出来。

"互联网+"经济在我国三产中的比重不断上升，这是其一个重要表现。同时，其还有一个显著表现，将直接渗透到我国的一产和二产中，并对一产和二产产生影响。这也就决定了"互联网+"经济将顺理成章地成为我国经济结构转变过程中所有研究的重中之重。

我国身处全球经济依存度相对发达的大环境中，一定要高度关注国际形势的走向，这也会对我们自身的发展走向产生影响。如今，发达国家中已经有一半以上的从业人员从事以信息为主的工作，且预测在未来10年人类的全部工作中将有4/5与信息经济有关。

另外，以电脑、网络、机器人为标志特征的信息时代，其发展速度让人瞠目结舌。信息已经不仅仅局限于专业的研究了，其已经进入人们的日常工作和生活中。信息已经将全世界的电脑都联系起来了，所有的信息以及各种多媒体视听设备都是这一系统的组成部分，并在人们的生活和工作、学习中有着广泛的应用。正是因为如此，每一个人的生活、工作、学习都发生了变化，除此之外，全球人类的生活习惯、工作习惯、学习习惯、生产习惯、科研习惯和商业习惯也都发生了变化，人类的生活、工作和学习内容更加丰富和充实。

信息无处不在、无时不在。不同内容的信息，所产生的价值和价格不同，不同内容的信息市场需求也不同，能服务的行业以及适用的人群也各不相同。

三、"互联网+"会对世界经济发展产生影响

（一）"互联网+"发展的必然性

世界上最有意义的事物大都类似多样融合的网络系统。比如人是由许多丰富的"网络系统"组成的。其中，脑是一个由神经键连接的巨大的神经元网络。在一个细胞中，基因行为的控制是由调节蛋白质的合成实现的。例如人的眼、耳、鼻、舌、皮肤等信息采集器官与嘴、手、脚等信息输出器官以及大脑构成的信息处理器和存储器，就是通过遍布人全身的神经网络互联在一起，从而形成一个人体内部的多样融合的"网络系统"。

通常来说，丰富的网络系统采取的基本都是自下而上的有机组织模式。所有的组织可以分为两种类型：一种是传统意义上的自上而下的机械组织模式；另一种则是正在改变企业和世界面貌的有机组织模式。

随着社会的发展，世界日益向以联系和合作为主要特征的运行模式转变。这就需要不断进行组织创新，打破和拆解一道道"围墙、天花板和地板"，发展"多样融合的网络系

统"。"互联网+"就是这种智慧产物。

在全球信息产业发展的带动下，"互联网+"已成为一种发展的必然。仔细分析发现，"互联网+"发展驱动力有多个方面，具体包括：第一，信息业务的分组化，这是网络演进和融合的最大驱动力；第二，技术的进步，新技术层出不穷；第三，用户需求的提高，用户希望能够利用任何终端在任何地方、任何时间享受丰富多彩的业务；第四，运营的需求，为了支持多种电信和传媒业务，各大运营商都希望能有一个整合的 IP 化的基础网络。

（二）"互联网+"对世界经济发展的影响

"互联网+"的存在与发展是必然的，其也具有存在与发展的必要性，这主要体现在对世界经济发展产生的影响上，具体包括以下几点。

1. 固定电话市场逐渐萎缩，促使固网运营商加强控制运营成本

当前，语音应用越来越多，这就促使 IP 协议的服务质量不断提高，数据网打电话已经成为现实，这就使得原本非常昂贵的长途电话变得非常便宜，实现了信息交流的便民化和普遍化。

在技术发展的推动下，电话网络和数据网络逐渐融合在一起，具体来说，就是语音信号通过数据网络传输已经成为现实，并有普及的趋势。电话网络和数据网络的合并，能够使通信网络的运营成本大大降低，网络的管理流程也大大简化。这些对于运营商而言，意味着运营成本得到了理想的控制。

2. 经济全球化需要"互联网+"的网络架构

"互联网+"所产生的影响，并不仅仅体现在成本的节省和网络管理的简化上，IP 技术使移动和便捷性的需求得到极大满足，才是其最大的益处所在。这里所说的移动和便捷性，主要是指通过 IP 网络，使 PC 和 PC、PC 和电话、电话和电话的对接得以实现，如此一来，不仅能提升生产效率，还能大大降低成本。

随着全球性企业和经济全球化趋势的逐渐增进，对企业融入全球化的架构提出了要求，"互联网+"的架构是全球化的，在有互联网的地方，就可以和合作伙伴进行便捷的沟通。

3. 绿色、低碳经济的发展离不开"互联网+"

基于"互联网+"的经济活动代表的是一种新的工作方式，一种更为绿色、低碳的经营方式。现代化企业以全球化发展为立足点，面对"低碳"经济的大趋势，发展和实践"互联网+"具有必要性和紧迫性。

4. "互联网+"兼顾多方利益

"互联网+"对行业发展所产生的影响是积极的，具体可以从以下几方面加以分析。

（1）就客户来说，能够使客户关系简化，并能提供一致的客户体验。

（2）就行业自身来说，"互联网+"能够使行业结构失衡的问题得到妥善解决，同时能有效优化资源配置，升级换代行业结构，实现可持续发展。

当今的情况是运营商太多，制造商太多，网络业务提供商（ISP）也太多，从全球范围来说是这样，在中国也不例外，整合就显得非常重要且必要。

（3）从制造商的角度来说，"互联网+"将研发、生产线和市场这几方面高度聚焦起来，并且妥善解决了产品过多过滥、低层次低水平的重复问题。

（4）从运营商的角度来说，"互联网+"的网络架构是统一的且较为简化，它具有有限的协议和接口，还能不断优化和融合网络各个层面。如此，就能够达到有效降低网络建设和运营成本的目的，同时在新业务的机遇方面也有所创新。

第二节　"互联网+"的内涵与特征

一、"互联网+"的内涵

"互联网+"中，所强调的关键点不在"+"，而在"网"。网的意义不仅在于简单的网络连接，而是更重要的交互，以及通过互动衍生出来的种种可持续发展的特性，从而最有效地提高生产效率和资源利用率，使人类发展水平得到提升。

关于"互联网+"的内涵，可以从以下两个方面加以分析。

（一）"互联网+"将互联网作为核心和基础

"互联网+"所构建的是一个能实现人与物、物与物的信息交换和共享的网络信息系统，其重要基础就是互联网。整个信息系统的运行都是在互联网的支持下开展的，可以说，"互联网+"是互联网接入方式和端系统的延伸，也是互联网服务的拓展。

（二）"互联网+"有效整合了物质世界和信息世界

通常，人们将"互联网+"理解为一个动态的全球信息基础设施，其实质在于，将世界上的人、物、网和社会融合为一个有机的整体，在"互联网+"的基础上，使世界上人类的生活活动、生产活动、经济运作、社会活动更加智能化地运行。

二、"互联网+"的基本特征

从对"互联网+"的分析中发现，"互联网+"是通过各种感知设备和"互联网+"连接物的，全自动、智能化采集、传输与处理信息的，实现随时随地科学管理的一种网络。由此可见，"互联网+"所具有的基本特征可以归纳为："网络化""物联化""互联化""自动化""感知化""智能化"。

（一）网络化

网络化是"互联网+"的基础。无论是 M2M、专网还是无线、有线传输信息，感知物体，形成网络状态是一个必要条件。不管是什么形态的网络，最终都必须与互联网相连接，这样，真正意义上的"互联网+"才有可能形成。否则，"互联网+"是根本不可能形成和存在的。

（二）物联化

"互联网+"要求人物相联、物物相联，这是基本条件。"互联网+"能够使人们和物体的"对话"以及物体和物体之间的"交流"都得以实现。换言之，互联网完成了人与人的远程交流，而"互联网+"所完成的则是人与物、物与物的即时交流，这也对由虚拟网络世界向现实世界连接转变的顺利实现起到了促进作用。

（三）互联化

"互联网+"，实际上就是将多种网络接入、应用技术全方位集成起来的一种形式或平台，这就赋予了其在一定的协议关系下，实行多种网络融合，分布式与协同式并存的显著特征。

"互联网+"的开放性特征要比互联网的互联化特征更加显著，这主要是由于"互联网+"具备随时接纳新器件、提供新服务的能力，可以将其理解为自组织、自适应能力。

（四）自动化

互联网自动化通过数字传感设备自动采集数据，然后以事先设定的运算逻辑为依据，通过软件自动处理采集到的信息，在这一过程中基本上可以自动完成，不需人为干预。按照时间、地点、压力、温度、湿度、光照等设定的逻辑条件，可以在系统的各个设备之间，自动地进行数据交换或通信，对物体的监控和管理实现自动指令执行。

（五）感知化

"互联网+"的感知元器件，主要是指"互联网+"的射频识别、红外感应器、全球定位系统、激光扫描器等信息传感设备，这些感知元器件的主要功能，与人的视觉、听觉和嗅觉的功能是一样的。

（六）智能化

"智能"主要是指个体对客观事物进行合理分析、判断及有目的地行动和有效处理周围环境事宜的综合能力。"互联网+"的产生本身就是一种智能的体现，具体来说，是微处理技术、传感器技术、计算机网络技术、无线通信技术不断发展融合的结果。从其"自动化""感知化"要求来看，它已能代表人、代替人对客观事物进行合理分析、判断及有目的地行动和有效处理周围环境事宜，智能化实际上体现的是其综合能力的高低。

"互联网+"能够通过数字传感设备来实现数据的自动采集，同时可以借助云计算、模式识别等各种智能计算技术，对采集到的海量数据和信息进行自动分析和处理。这些通常是自动完成的，不需要人为干预，其本身能按照设定的逻辑条件来进行，在系统的各个设备之间，自动地进行数据交换或通信，对物体实行智能监控和管理，使人们可以随时随地、透明化地获得信息服务。

第三节 "互联网+定向运动"课程模式教学与实践研究

教育正在经受互联网时代的洗礼，"互联网+"课程模式在高校教学中受到了师生的青睐，在教学实践中给教师、学生都带来了很多方便，解决了传统教学模式中的许多问题。"互联网+教育"模式是教育发展的趋势，同时，社会上流行使用的"互联网+运动 APP"方便了跑步健身者，成为时尚，倍受欢迎。那么能否把"互联网+运动 APP"科技优点复制到高校体育定向运动课程中，建立"互联网+定向运动"的课程模式，方便定向运动教学，改变传统定向教学方法？

一、"互联网+定向运动"课程建设指导思想与教育目标

（一）指导思想

从"互联网+"快速发展的趋势分析，互联网信息量大，方便不同层次的人群获取不同的信息和资料，它的根本出发点是"以人为本"。传统的定向课程教学需要准备大量的课件，如定向地图制作要花费大量的时间和精力来绘图和进行路线设计。运用"互联网+校园定向运动"模式教学，利用互联网上的地图资源和技术，可减轻教师的工作量，简化工作程序，达到事半功倍的效果。同时，能使学生在教学中接触到新事物和创意，促进学生的

网络思维发展。因此,"互联网+定向运动"的课程建设是以"以人为本,促进体育网络教育的发展"为指导思想的。

(二)教育目标

课程建设遵行体育课程的规律,融合"互联网+校园定向运动"的教学模式,由课程目标和学习领域目标组成(见表5-1)。

表5-1 "互联网+定向运动"教育目标

目标	领域目标	内容
课程目标		通过定向运动课程的教学,增强学生的体能、智力和毅力,磨练学生的意志,提高学生的心理健康水平;强化学生的健身意识,树立"健康第一"的指导思想;激发学生对自然环境资源、网络资源的学习探究兴趣,使学校、社会、自然紧密相联,增强学生的社会适应能力,养成终身体育的思想和终身锻炼的习惯
学习领域目标	理论知识目标	1. 学习定向运动的特点、价值、功能 2. 学习定向地图信息识别、定向运动技术理论、实地用图基础理论知识、预防定向运动损伤与处置方法 3. 掌握校园定向运动竞赛规则
	技能领域目标	1. 掌握定向地图的使用、指北针的使用 2. 掌握概略定向与精确定向技术与技能 3. 掌握定向运动损伤与处置方法 4. 学习掌握 AutoCAD 制图软件的绘图方法
	体能领域目标	1. 增强学生力量、速度、耐力、灵敏等身体素质 2. 发展学生奔跑能力和判别方向能力
	心理领域目标	1. 改善学生的心理状态、克服野外心理障碍,提高环境适应能力 2. 培养学生团队精神

二、"互联网+定向运动"教学模式的可行性与局限性

"互联网+定向教学"作为定向教学的辅助手段,在定向教学中起到了重要的作用。但它不能替代定向教学的全部模式,所以在进行"互联网络+定向教学"的同时还要加强实践课教学、多媒体理论教学以及课外定向活动的指导,对"互联网+定向教学"模式进行总结和反思做到立体化、全方位协调配合,使体育网络教学得到提高和发展。

(一)改变了传统定向教学模式

传统定向教学的模式,以纸质地图和指北针为主要教学工具,通过识别定向地图信息指引学生进行定向活动。传统的定向教学存在许多不便,如地图的绘制、路线设计需要很

长的工作时间，而印刷彩色地图会增加教学成本，黑白地图很难分辨出地形地貌的性质和细节，给学生制造了很多的困难，增加了练习的难度，而且地图容易损坏。而"互联网+定向教学"模式则改变了传统定向教学模式，首先使用了"互联网"，通过网络发布定向地图信息、管理学生学习和评估，不再使用纸质地图，减少了浪费，降低了教学成本。其次，通过"互联网"让学生在课外时间也能进行定向练习，不局限于课堂教学时间。同时，从另一角度而言将手机从信息交流沟通的工具层面提升到学习层面，促进了定向教学的发展，改变了传统体育课的教学模式。

（二）缺乏专用的集学习、运动、教学于一体的管理平台

在开展"互联网+定向教学"模式时主要使用"跑向"软件、"QQ 平台"和"泛雅网络教学综合服务平台"进行管理。"跑向"软件主要以手机 APP 终端形式出现在教学课堂中，在实践教学中手机 APP 替代了定向地图的作用；而"QQ 平台"主要用在教学前后的联络、交流与沟通中；"泛雅网络教学综合服务平台"在教学中主要是对学生进行定向理论知识的传播和学习，它的优点是在传授理论知识与理论考试时能发挥更大的作用。三者都发挥了自己的优势，且相互弥补了不足。但体育教育与室内课程教学有一定区别，定向教学是在教室外进行，以实践运动课为主的，操场是它的教室，校园是它的场地，在实际教学中存在管理平台分散，不能统一集成管理的问题，若在"跑向"软件中能增加对学生理论学习的管理和交流沟通的功能，在实践教学中会更加方便。

（三）地图的性质不同，造成教学的诸多困难

在开展"互联网+定向教学"模式中主要使用"跑向"软件，而"跑向"软件里的定向地图使用的是"高德"手机地图。高德地图属于普通地图，对地貌、地形的描述不够详细。而定向地图对地貌、地形等信息描述非常详细，色彩丰富，可利用的参照物多，而且能定位、引导定向运动者确定方位和方向的作用，非常方便使用。而使用高德地图时，地图上能读取的定向信息量很少，基本是直长物（路等）、建筑物、湖等大的地形和地貌，小的细节几乎没有。定向地图上的色彩信息、符号形状颜色等可以说明各种不同的地形、地貌、植被等，每个不同的地形都由相对应颜色和符号来说明。而高德地图上则没有此类信息的描述，来表明这块区域地貌、地形的实际情况和通过的难易度，给学生学习和运动造成一定的不便和误导。高德地图的性质决定了它的使用方向，要改进这些功能，"跑向"软件除了继续使用"高德"手机地图外，如果能把标准的绘制好的定向图导入"跑向"后台，再在后台管理中设计定向运动的线路，发布到学生手机 APP 中，就能使用真正的定向地图，方便教学和学生运动。

(四)"智慧校园"建设的欠缺

智慧校园是教育发展的"高级形态",更是学校建设的理想目标。"互联网+定向教学"模式主要使用了"互联网",通过网络发布地图教学信息,学生在教学时需要使用手机的流量来打开或下载地图信息,这对学生来说增加了一定成本,虽然学校有免费的网络资源可供学生使用,但都局限于教室、会议室和寝室,而运动场地上、学校周边等地则没有覆盖或延伸网络信号。如果网络信号能覆盖或延伸到学校的每个角落及周围,就不会在教学中增加学生使用手机的流量。

(五)缺乏网络资源共享

互联网使世界各地连在一起,达成资源共享,资源共享是互联网的终极目标。而从"互联网+定向教学"模式教学实践来分析,还没有达成资源共享的目的。首先,"互联网+定向运动"得到开展与否,关键是互联网上要有本地的定向地图,而本校周围的大中学校开展定向教学比较落后,网上没有定向教学地图资源,只有普通的行政地图、旅游地图,形式单一,而学校的体育网页对定向运动的内容建设不够饱满。政府管理地图的职能部门对市民地图的获取有严格的程序,没有可下载的地图底图资源,造成互联网定向地图资源缺乏。因此,网络资源缺乏在一定程度上造成教学资源共享的困难,不能很好地利用网络教学资源。其次,"互联网+定向教学"模式主要使用"跑向"手机软件,这款软件在本地区的推广少、普及率低都是导致网络资源共享少的主要原因。

第六章　互联网视域下定向运动教学创新与应用研究

互联网时代的到来为定向运动教学革新带来了良好的机遇，定向运动教育工作者基于对当前定向运动教学现状及问题的思考，利用互联网技术的优势，有策略、有规划地进行了多方面的定向运动教学改革，创造了许多新的现代化定向运动教学方式，大大提高了定向运动教学的效率与质量。本章主要探讨在互联网视域下定向运动教学创新与应用的实证，主要内容包括互联网视域下的定向运动信息化教学、定向运动微格教学以及定向运动微课教学。

第一节　互联网视域下的定向运动教学

一、互联网视域下定向运动信息化教学的意义

计算机网络技术的应用在定向运动信息化教学中非常普遍，这给定向运动教学活动的顺利实施带来了极大的便利，大大提高了定向运动课堂教学的效率。在定向运动课堂教学中使用现代教育技术也是定向运动教学改革与素质教育改革的要求。定向运动教师掌握好现代信息技术，将相关信息技术与数据有的放矢地运用于定向运动信息化教学中，将显著提高定向运动课堂教学的效果。信息化教学手段在定向运动课堂教学中的高效运用具有至关重要的意义。

在定向运动教学中采用信息化教学方式，能够将信息技术的优势与作用充分发挥出来，使要教的内容显得更加立体与形象，便于学生理解与掌握。例如，定向运动教师在教某个项目的技术动作时，可采用信息技术来处理该技术动作，如慢动作播放，对动作进行

分解，制作关于重点动作的视频课件等。通过这样的处理，定向运动课堂教学显得更加灵活和丰富，能够成功激发学生的兴趣，吸引学生关注教学内容，使学生准确把握完整的动作要领乃至动作细节，这样既能达到课堂教学目标，还能培养学生的定向运动兴趣，使学生感受到定向运动课堂教学的良好氛围和信息化教学方式的重要性。

信息技术不仅可以用到定向运动课堂教学中，还可以用于课下，为定向运动教师与学生的课下交流与互动提供便利，使定向运动教师更好地了解学生的学习情况，帮助学生解决学习上的问题，使学生的学习效率得到提高，这也是建立良好师生关系的好机会。相比于传统定向运动教学方式，信息化教学进一步丰富了课堂教学内容，改善了学生的课前预习情况，并通过与多种翻转课堂教学形式相结合打破了时空限制，学生可以随时随地学习，最终取得显著的教学效果。

定向运动信息化教学模式的运用不仅体现了教学方式的变革与创新，还体现了学生学习方式的创新，学生可以在定向运动信息化教学中学习一些信息技术，掌握现代化的学习手段，提高自己的信息素养。例如，学生掌握定向运动知识与技能后，基于自己的理解采用计算机网络技术制作学习课件，这样便于巩固知识，进一步熟悉知识，深入掌握技术。学生在制作学习课件的过程中也能开阔思维，锻炼实践能力和创新能力，熟练学习软件，获得更多的学习灵感，为学习新的定向运动知识与技能奠定良好的基础。

二、定向运动信息化教学的理论与操作

(一)定向运动信息化教学的概念与要素

定向运动信息化教学是指在现代教学理念的指导下，定向运动教师充分利用现代信息技术，包括网络技术、计算机及多媒体技术、卫星通信技术等，整合与运用丰富的教学媒体和信息资源，构建良好的定向运动教学环境，引导学生积极发挥自身的主观能动性，使学生自觉成为知识和信息的建构者，从而不断提高定向运动教学质量的过程。❶

传统定向运动教学系统由"三要素"（教师、学生、教学内容）构成，如图 6-1 所示。定向运动信息化教学系统在"三要素"的基础上增加了媒体因素，构成了由"四要素"组成的教学系统，如图 6-2 所示，四个要素之间相互促进、相互作用、缺一不可。

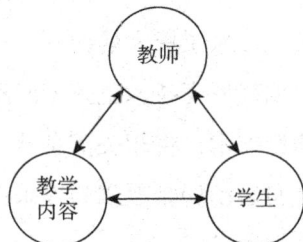

图6-1　传统定向运动教学系统

---

❶　景亚琴.信息化教学[M].北京:国防工业出版社,2014.

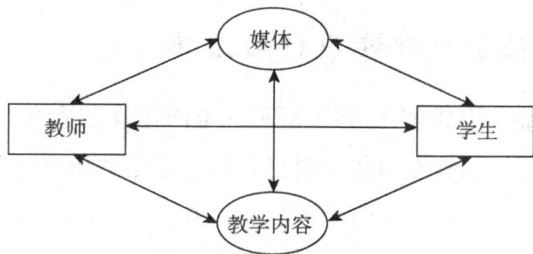

图6-2 定向运动信息化系统

（二）定向运动信息化教学模式

定向运动信息化教学模式主要有协作型信息化教学模式、基于电子文档的信息化教学模式等，下面以协作型信息化教学模式为例进行分析。

协作学习是指学习者以小组的形式在一定的激励机制下，学习者个人和小组通过协同互助的方式，为完成共同任务而开展的学习活动，又被称为"合作学习"。小组活动是协作学习的主体，强调小组成员的协同互助，强调目标导向功能，强调以总体成绩作为激励。❶

通常来说，学习者协作学习过程主要分为分组、学习、评价三个阶段。在此基础上，结合计算机支持协作学习的特征，从学习者的角度出发，提出了计算机支持的协作学习系统过程模型，如图6-3所示。可以大致将这一学习系统分为四个阶段，分别是学习者特征分析、分组、学习过程和总结评价。

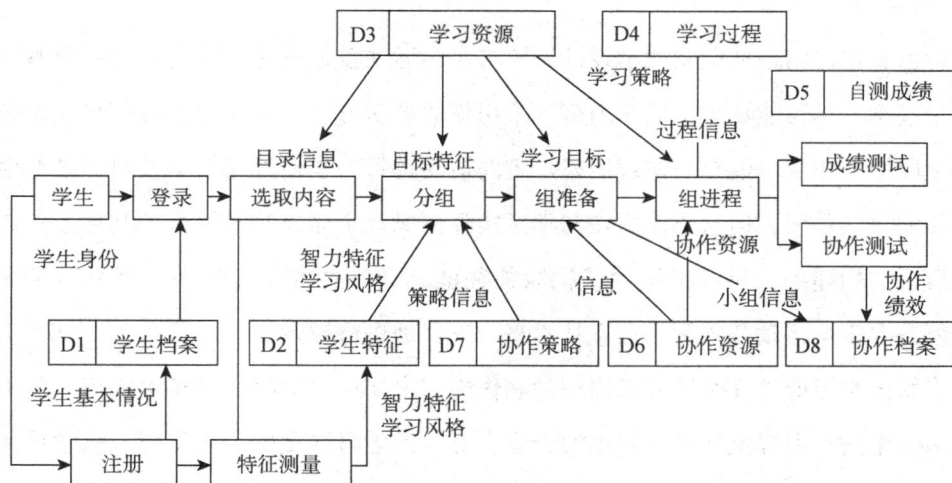

图6-3 协作学习系统过程模型

---

❶ 马腾,孔凌鹤.现代体育运动教学改革与信息化发展研究[M].北京:中国商业出版社,2018.

（三）定向运动信息化教学设计与应用

信息化教学设计的基本模式如图 6-4 所示，定向运动信息化教学设计可以参考该模式，但要突出定向运动课程的特点与教学重点。在定向运动信息化教学设计中，要重点做好以下几个环节的工作。

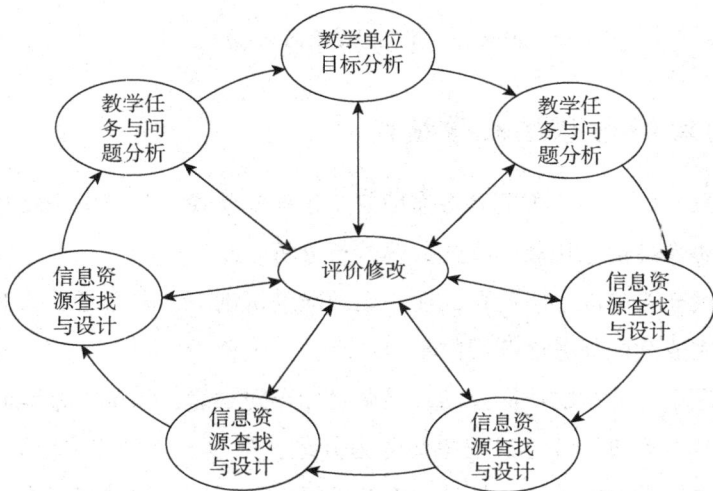

图 6-4　信息化教学设计的基本模型

1. 构建信息化教学模块

进行信息化定向运动课堂教学设计，要求定向运动教师及时转变陈旧的教学观，树立新的教学理念，尽可能地丰富教学内容，采用新的教学方法，在课堂上将信息技术与现代化教学手段的作用与价值充分体现出来。定向运动教师构建信息化教学模块，必然会用到丰富多元的教学手段，但这要建立在与学生实际情况及个体差异相结合的基础上。在信息化教学模块的构建中，有趣的图片、视频往往能调动学生的学习热情，吸引学生的注意力，这就需要定向运动教师利用信息技术来有选择地进行导入。

在多媒体学习课件或微课视频课程的制作中，定向运动教师要将相关知识点集中放到一起，为学生的学习提供便利，这也便于学生对自己学习进度的自主掌握。科学设计信息化课堂教学模块，可以使学生将自己的想法勇敢表达出来，使学生在搜集信息和思考问题时更有自觉性与积极性，这也为培养学生的想象力与锻炼学生的创造力以及构建和谐师生关系提供了良好的机遇，学生的成长与和谐师生关系的建立都有助于进一步提升定向运动教学质量。

2. 制作信息化教学视频

制作信息化定向运动教学视频对促进定向运动课堂教学效率的提升具有重要意义，这一环节对定向运动教师信息化素养的要求较高，定向运动教师对信息技术和信息化教学手段的运用情况直接影响信息技术优势的发挥程度，最终直接影响教学效果。因此，定向运动教师要熟练掌握现代化教学工具，灵活操作计算机，熟知相关软件与工具的作用、优劣势，这样才能做好教学视频。定向运动教师应将高质量的教学视频上传到相关学习网站上，以资源共享的形式帮助更多有需要的教师与学生。

为了制作出高质量的信息化定向运动教学视频，为更多的师生提供帮助，学校要重视对定向运动教师信息技术素养的培养，加强这方面的专业培训，促进定向运动教师计算机实践操作能力的提升，进而促进定向运动课堂教学效果的优化。

需要注意的是，开发与制作优质的信息化教学视频课件，必须掌握基本的开发与制作程序，具体可参考图 6-5 所示的信息化课件开发程序图。

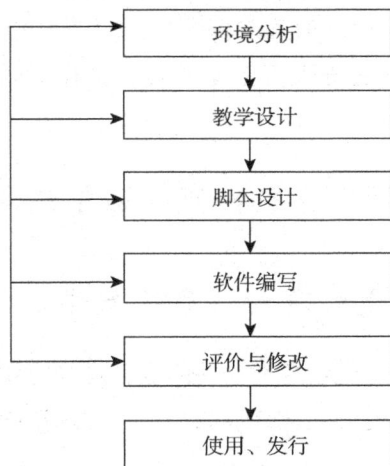

图 6-5　信息化课件开发程序图

3. 加强教学反馈研究

在定向运动信息化课堂教学开始前，定向运动教师要先掌握学生对之前教学内容和将要学习教学内容的了解情况，然后根据学生的实际情况进行具体的信息化课堂教学，有针对性地安排教学计划和运动处方，为学生科学锻炼和学练运动技能提供指导。在促进学生增强体质和提高运动技能的同时，保障学生的安全，培养学生对定向运动课的持久兴趣与长期主动性。

定向运动信息化教学为师生搭建了良好的信息化教学平台，打破了传统定向运动教学的时空限制，学生可以随时查看定向运动教师在信息平台中上传的教学课件，这样不仅能掌握课本知识，还能获得有价值的信息，获取拓展性知识。教师与学生借助信息平台这个媒介频繁互动，教师可随时了解学生的学习动态，为教学反思提供有价值的素材。定向运动教师利用信息平台教学不仅便捷，而且拓展了教学范围，对学生的指导也更及时，对督促学生进步具有重要意义。

4. 制订新的教学计划

定向运动教师通过信息平台观察学生的学习情况，经过教学反馈与教学反思后了解学生对教学内容的掌握情况和学习进度，根据这些有价值的信息制订新的信息化课堂教学计划，使学生更好地掌握信息化教学课件中的教学内容，并为学习新的定向运动知识与技能奠定良好的基础。

5. 开展问卷调查

在定向运动信息化课堂教学后，定向运动教师要及时做好与学生的沟通工作，掌握学生的学习情况和学习进度，并收集学生对信息化课堂教学的意见与看法，以便根据学生的学习效果来改进后面的信息化教学工作，尽可能完善信息化课堂教学，使学生满意。课后开展问卷调查是定向运动教师掌握学生学习情况和了解学生对信息化教学的意见的一种好方式，在问卷调查后再进行数据统计，这样对学生学习情况的了解更直观、清晰。

三、互联网视域下定向运动信息化教学的问题与改革

（一）互联网视域下定向运动信息化教学的问题

当前，我国定向运动信息化教学存在一些问题，这些问题严重制约了信息化教学工作的顺利开展。下面具体分析主要的内部环境问题与外部环境问题。

1. 内部环境问题

（1）定向运动教师的信息化教学认知程度低。当前，我国大部分定向运动教师对信息化教学的认知程度还不够高，这严重影响了信息技术在定向运动课堂教学中的应用。在一些定向运动教师看来，定向运动教学与信息技术的叠加就构成了定向运动信息化教学，这是错误的看法，二者简单的叠加并不是真正的信息化教学。信息化教学要求将定向运动教学与信息技术科学结合并深度融合，如此才能真正发挥信息技术在定向运动教学中的作用，才能促进定向运动课堂教学效果的有效提升。

（2）定向运动教师的信息化教学经验不足。一些定向运动教师信息素养不高，缺乏基本的信息化专业知识，信息化教学软件的实践操作能力也较差，更没有丰富的信息化教学经验，这些都直接制约了定向运动信息化教学工作的开展。在对定向运动教师进行信息化

教学技能的培养中，年龄较大的教师掌握先进教学技术的速度较慢，需要很长时间才能熟练操作信息化教学软件，因此影响了定向运动信息化教学进度和质量。

（3）信息化技术的应用缺乏合理性。在定向运动信息化教学中，如果不能合理使用信息技术，就会出现信息化教学目标偏差的问题，有些信息化教学手段看似新潮，但实用性差，有些教师为了吸引学生，过多地使用这类教学手段，最终导致学生对学习目标的认识出现扭曲。有的教师在使用信息化技术上过于保守，倾向于传统教学方法，这不仅不利于激发学生的学习兴趣，也不利于培养学生的自主学习能力。

2. 外部环境问题

（1）信息化教学硬件与软件资源缺乏。信息化教学硬件设施不完善、软件资源少及信息化教学氛围不佳是制约我国定向运动信息化教学的主要外部环境因素。因为很多学校管理者不重视定向运动信息化教学，甚至不重视定向运动教学，所以为定向运动课程提供的多媒体技术及信息化设备较少，信息化教学的硬件资源严重缺乏，定向运动教师无法顺利开展信息化教学工作，所以在定向运动课堂上还是以传统教学方法及教学手段为主，最终影响了学生对新信息技术和教学内容的掌握，影响了定向运动教学质量的提高。学校定向运动教学以实践课为主，主要教学场所是定向运动场，定向运动考核一般都在定向运动场上进行，但如果不能依托信息化硬件资源而构建与完善定向运动考核体系，那么考核成绩的说服力较弱，难以使学生信服。

除了信息化硬件资源短缺的问题，教学软件不足也对定向运动信息化教学产生了严重影响。在定向运动信息化教学中，教师与学生之间沟通与交流主要依托互联网，软件资源的不足直接影响了师生沟通效果。如果不能及时解决教学硬件与软件的问题，定向运动信息化教学活动的开展将举步维艰。

（2）定向运动教学资源库少。现有的定向运动教学资源库较少，一些学校正在规划创建定向运动教学资源库，但是短期内很难有显著成果。适合定向运动信息化教学的多媒体资源库在网络上很难搜索到，一些规模较大的资源库需要付费才能获得资源，既不便于在定向运动信息化课堂教学中随时查找资料，也不便于学生在课后查找学习资料。

（3）定向运动教师信息化教学技能水平不高。定向运动信息化教学中必然要用到先进而丰富的信息化技术，这是顺利进行信息化教学的基础与前提，所以加强信息化软硬资源建设非常重要。在这一前提下，还要特别重视对定向运动教师信息化教学能力的培养，否则信息化教学资源再完善，如果定向运动教师不会正确运用这些资源，也无济于事。对定向运动教师信息化教学技能的培养不足是很多学校普遍存在的问题，这也是制约学校定向运动信息化教学工作开展的主要问题。学校必须充分认识到提高定向运动教师信息化教学能力的重要性，加强专业培训，使定向运动教师有能力将信息技术与定向运动课堂教学真正结合起来。

（二）互联网视域下定向运动信息化教学的改革

1. 科学开发定向运动信息化教学资源

（1）拓宽研究领域。对很多学校来说，定向运动信息化教学是一种新的教学模式，开发定向运动信息化教学资源也是一个新的尝试，通过这一尝试，定向运动教育工作者能更好地理解信息化教学资源，通过深入开发定向运动信息化教学内容资源，能够促进定向运动教学内容的丰富和校园定向运动文化的延伸，最终也会对定向运动信息化改革及定向运动文化的发展产生积极影响。

（2）加强定向运动学科与其他学科的融合。目前，定向运动学科具有一定的局限性，这对该学科的发展非常不利，在互联网背景下开发定向运动信息化教学资源，需要突破定向运动学科的封闭性，打破局限，在开发过程中融入其他学科的信息化教学资源，使定向运动信息化教学资源更丰富，使资源体系更完善，提高定向运动教学的信息化水平。多学科信息化资源的相互融合与渗透将对学生的全面发展产生重要影响，这也是素质教育的要求。

（3）加强学校定向运动与社会定向运动的联系。学校定向运动教学具有自身的局限性，在定向运动信息化教学资源的开发中要勇于突破限制，适当加工整理社会定向运动中有价值的信息化资源，并将其整合到学校定向运动信息化教学系统中，丰富学校定向运动信息化教学资源，这对提高学生的社会定向运动认知能力、引导学生树立开放性学习理念、提高学生的综合性定向运动素养具有重要意义。

2. 优化定向运动信息化教学策略

在互联网时代，计算机网络无处不在，信息技术在各级各类学校的各科教学中的应用越来越普遍，定向运动学科的教学中同样在越来越多地使用信息技术与多媒体教学手段。在学校定向运动教学中采用信息化辅助教学手段能够增加教学的灵活性与趣味性，便于师生展现自己的个性。为了充分发挥信息技术在定向运动教学中的作用，要注重对定向运动信息化教学策略的优化与完善。

（1）正确理解信息化教学内涵。定向运动教师要对定向运动信息化教学的内涵有正确且深入的理解，在此基础上善于运用信息化教学的硬件与软件资源来调动学生的兴趣，活跃课堂氛围，使定向运动信息化课堂教学更丰富、生动、有趣，使学生在愉快的课堂氛围中掌握定向运动教学内容，使学生的主体性和创造性得到充分发挥。在定向运动信息化课堂教学中，教师要引导学生正确使用计算机技术来为自己"量身打造"学习课件，激发学生的学习积极性，调动学生的学习热情，让学生既能熟悉计算机的基本操作方法，也能掌握定向运动知识。

（2）加强师生沟通与互动。要提高定向运动信息化教学效率，就要注重师生之间的良好互动与交流，这是非常有效的策略之一。在信息化课堂教学中，定向运动教师要在课前完成对教学计划与流程的设计工作，使学生明确教学思路，然后跟着教师的节奏有序学习，在整个课堂教学中，师生的交流必不可少。另外，定向运动教师在信息化教学中要注意教学用语的简洁性与准确性，要善于以简短的语言准确总结教学内容，以免学生不能准确把握学习重点。定向运动教师还要结合学生的实际生活来精选问题，创设问题情境，以拓展学生的思维。

3. 优化改革定向运动信息化教学环境

在互联网背景下优化与改善定向运动信息化教学环境，要求重点做好以下 3 个方面的工作。

第一，对定向运动教学与信息化教学的新发展予以密切关注，从而准确把握定向运动信息化教学的改革动向。学校要注重培养定向运动教师的信息技术素养，加强这方面的培训。不断强调信息化教学理念，宣传信息化教学知识，使定向运动教师理解并掌握信息化教学技术。

第二，学校从本校办学条件出发对信息化教学平台进行构建，从资金上提供基础保障，使信息化教学设备条件能够满足定向运动信息化教学需要。

第三，定向运动教师自觉树立信息化教学理念，及时转换教学思想，更新教学观念，主动改善基础教学环境，和学生共同努力营造愉快和谐的定向运动信息化课堂教学氛围，从而使信息化课堂教学取得理想的教学效果。

4. 关注多媒体教学及微课教学

在信息化教学的发展过程中，微课教学在各学科的信息化教学中逐渐受到重视。微课教学主要是结合教学标准与教学实践，将视频作为主要的教学载体，围绕知识点进行教学与互动。在定向运动信息化教学中，运用多媒体教学及微课教学，能够促进学生全面掌握定向运动技能与方法，使学生对知识点的理解更直观。通过微课教学，能够提高学生学习的积极性，通过多种教学手段对教学内容进行展示，将教学中的重点、难点更加直观地展现在学生面前，激发学生的求知欲。另外，生动的教学情境可以提高学生的学习兴趣和学习质量。

5. 科学构建定向运动信息化教学管理体系

构建与完善信息化教学管理系统，能够提高对学生学习的管理效率，全面实现数据资源的高效利用与维护，提高学生学习资料的公开化与共享性，对教师的教学也有一定的借鉴意义，能提高定向运动课堂教学效率。

四、互联网技术在定向运动教学中的应用

定向运动教育是教育的重要门类之一。在传统定向运动教学中，从机械打卡器到电子计时系统，定向运动器材得到了很好的发展。但是，无论哪一种器材，都避免不了花长时

间布点、回收器材，导致教学过程效率低。在互联网技术快速发展的今天，如何运用互联网技术解决这一难题是一种挑战，也是一种机遇。

（一）互联网技术在定向运动中的运用现状

互联网技术在定向运动教学中的应用以使用 QQ 和其他移动 APP 为主。在 QQ 上，交流经验、直观教学、发放教学资料，已经完全不成问题。以"定向"为关键字进行搜索，可以得到相关的 APP。根据统计和分析，定向 APP 有以下几种问题。

1. 开发者层次不齐、APP 技术不成熟、活动少

"互联网+"行动计划刚被提出，相关的 APP 就陆陆续续发布。在发布的 APP 中，有由相对正规的公司、协会开发的，也有由个人开发的，甚至有未署名开发者。经过下载，有一些 APP 无法注册，也无法进入操作界面。有评论者反映，还出现了地图不清楚、验证码无法接收等问题。甚至，有些 APP 兼容性差，有些品牌的手机无法安装。

在所有的 APP 中，有些是开发者为了组织教学或活动而开发，有些是为了记录和分享定向经验而开发。其中，"趣定向"APP 组织定向运动活动较多，组织量达 100 多次，其下载安装量达 6000 多次；"跑向"APP 组织定向教学，要求学生必须安装并签到，其下载安装量达 4000 多次。其余 APP，由于活动少，下载安装量很小。

2. 检验方式问题多

目前，检验检查点的形式主要分为以下几大类：实物拍照；扫二维码；签到；NFC；蓝牙。这几种检验方式的共同特点是教学活动前采集一次检查点数据，之后所有的班级都可以使用，也就是说，不需要重复布点，省时省力。

相比之下，NFC、蓝牙配备的设备昂贵，其他三种方式相对简单、易操作。实物拍照方式，因为实物拍照时受光线、背景、角度等因素影响，容易造成无法匹配成功，导致成绩无效。而且，检查点的所在位置没有明显特征物用于采集数据，比如草丛、树木、房屋角落、楼梯等，收集不到适合的采集数据点，拍照匹配环节也成为一大问题。签到的打卡方式，因地图精确度不高，检查点附近又无确认标志，让人无法确定位置是否正确。扫二维码方式需要去实地布置。而且，签到打卡和扫二维码都需要连接网络，一旦网络信号不好，导致反复扫码或签到不成功，造成浪费时间、人员堆积的现象。

3. 地图与正规定向地图出入较大、专业地图导入困难

手机 APP 的定位大多基于高德地图、百度地图等软件上的电子地图，基本都是平面图、卫星地图，与定向地图有很大差别。无论颜色还是符号，都是不一样的，而且 APP 中没有描绘等高线、土崖、洼地、土坑等，还有一些小的人工特征物也没有，局部细节显示非常有限，这与正式定向地图完全不符。即使有些 APP 设置了专业定向地图的导入，但是这个步骤需要高专业操作技术，普通定向教师无法掌握。

校园定向考虑到安全、上课时间长短、学生定向水平层次不齐等因素，一般采用大比例尺地图，范围相对较小，教师易于控制教学课堂。而高德地图或百度地图的精度不高，最大比例尺为 1∶5000。大于 1∶5000 的大比例尺专业地图，导入管理系统之后，完全无法匹配。这就意味着，在课堂上，大比例尺、小范围的地图，定向 APP 基本无法使用。

4. 操作方式与国内正规比赛相去甚远

正规的定向比赛，是使用指北针和纸质地图进行的，运用折图、拇指辅行、转动标定地图等各项基本技能、方法，使自己快速确定站立点、快速寻找检查点位置。而手机 APP 则是通过手动操作手机屏幕，利用放大、缩小和拖移等功能，来控制地图的可视范围，很多基本技术无法使用。如果长期使用手机 APP，就会导致一些基本技能的掌握混乱，甚至慢慢丢失。对于准备参加正规比赛的队员来说，这样的使用效果是队员和教练都无法接受的。

（二）定向运动教学使用移动 APP 的一些建议

专业定向器材的乐嘉与华瑞建两大公司也推出了定向 APP。但是，在推广的过程中遇到了很大的障碍。很多的教师、教练，不愿意使用 APP，最主要的还是因为以上几种原因。基于已有的定向运动移动 APP 和传统定向运动教学中出现的问题，对定向运动移动 APP 相关功能提出以下使用建议。

1. 课堂内+课堂外

目前，部分公司采用大范围区域，避开信号弱的局部区域，使用定向 APP，开展形式多样的趣味定向，受到社会人士的一致好评。定向运动教学的最终目的，不仅仅是以教师组织课堂教学为主，更应包括课堂外的锻炼，培养学生的终身定向运动意识，把学校定向运动与社会定向运动衔接好。以大范围区域为主的定向 APP，可以在课堂中偶尔使用，让学生以体验方式进行，更可以在课堂外进行。这样，既可以推广定向运动，又可以与社会定向运动紧密结合。

2. 线上+线下

移动 APP 作为一种辅助性教学手段，解决了实际教学过程中存在的问题，提高了教学效率。但是，在定向运动教学过程中，它没有办法完全取代定向运动教师的作用。比如，动作示范、纠正学生的错误动作等，都需要定向运动教师临场指导。所以，课堂不能完全依靠线上教学，而需要线上和线下完美结合，才能达到最佳的教学效果。

3. 实践+总结+分享

实践出真知。随着定向运动跑图次数增多，一些基本技能会慢慢掌握牢固，对基本知识点也会慢慢领悟透彻。多总结自己跑图的经验，对于成绩的提高作用非常大。而在自己的经验基础之上，多看看别人总结的经验，发现自己的不足和别人的优点，做到扬长避短，也会起到很好的提高作用。"定向笔记"就是集"实践+总结+分享"于一体的一款 APP，记录和分享定向运动过程，提高自我，警醒他人，有利于定向技术、技能的提高。在定向教学与训练中，可以借鉴使用。

第二节　互联网视域下的定向运动微格教学

一、定向运动微格教学的基本理论

（一）微格教学与定向运动微格教学的概念

微格教学是利用现代教学技术手段来对教师的教学技能进行培训的一种教学方法。微格教学的创始人——美国斯坦福大学的爱伦教授认为，微格教学是一种缩小了的可控制的教学环境，它使准备成为或已经成为教师的人有可能集中掌握某一特定的教学技能和教学内容。一般将微格教学定义为一个有目的、有控制的实践系统，它能使师范生和教师集中掌握某一特定的教学行为，或在有控制的条件下进行学习。它是建立在教育教学理论、视听理论和教学技术基础上，系统训练教师教学技能的方法。❶

定向运动微格教学指为培养定向运动师范生的课堂教学技能，将定向运动课堂教学目标的实现、教学专业提升、教学技能训练的人力、物力及自然资源整合起来进行专门训练的教学。❷

（二）定向运动微格教学的特点与作用

微格教学的特点总体上可以概括为"训练课题微型化，技能动作规范化，记录过程声像化，观摩评价及时化"。具体表现为训练内容单一、参加人数少、上课时间短、运用视听设备、评价技术科学合理、心理负担小。

有关专家与学者对定向运动微格教学的作用进行了研究，提出了自己的观点，下面列举几个主要观点。吉学武认为，定向运动教学是基础，微格教学是为定向运动教学服务的，二者的关系是相辅相成的，微格教学是促进定向运动教学的重要手段；翟凤鸣等通过对微格教学的过程进行研究指出，定向运动专业生在实习前应该接受微格课堂训练，这样可以大幅度提高教学能力；张秀华通过实验研究表明，采用微格教学可以显著提高学生定向运动训练技能；王进通过实验班和对照班的对比研究认为，采用微格教学，能够使学生

---

❶ 施小菊.定向运动微格教学［M］.厦门：厦门大学出版社,2013.

❷ 刘莹.信阳师范学院定向运动教育专业微格教学现状问题及对策研究［D］.信阳师范学院,2018.

的目标更明确，提高学生角色转变后的教学技能和教学水平。❶

　　众多专家学者的研究结论显示，无论从理论的角度还是实践的角度，定向运动微格教学是理念先进、较为系统的教学技能培训方式。对定向运动教育专业学生掌握教学技能具有深远意义，应该在实践过程中广泛推广定向运动微格教学。

（三）定向运动微格教学技能

1. 导入技能与结束技能

　　（1）导入技能。导入技能是在定向运动教学活动开始时，立疑激趣，建立认知准备，铺设桥梁，衔接新知与旧知。导入技能也被称为"开门之技"。导入设计得好，能很快渗透主题，引领学生进入情境，在短时间内使学生的注意力迅速指向特定的定向运动教学目标。此阶段主要是观察学生在定向运动教师引导下的反应，而微格教学中的"教师"是由没有教学经验的学生扮演的，"学生"是由同伴扮演的，不能在短时间内有效地缩短"师生之间""学生与教材之间"的距离，有的导入部分会出现偏离重点、过于牵强的现象，很难做到自然引入新课，衔接紧凑恰当。❷

　　（2）结束技能。完整的定向运动教学必须做到善始善终，结束技能也是衡量定向运动教师教学艺术水平的一个重要标志。在完成基本定向运动教学内容后，定向运动教师应对本次课所传授的运动知识、技能进行归纳和总结，引导学生对所学知识和技能及时地进行总结、巩固、扩展、延伸、迁移等，从而达到更好的教学效果。

2. 讲解技能

　　定向运动教师在教学过程中的语言表达能力直接影响教学效果。因为课堂上，学生对每项运动技能的掌握，都需要定向运动教师既做示范又对技术动作进行解释和说明。学生在模仿练习时，定向运动教师也要借助语言进行必要的指导和解释，讲解时要注意以下几个方面。

　　（1）口令的音量、音节、音调、语速、节奏适宜，教学术语规范。

　　（2）教学用语能准确、清晰、及时地传递信息。

　　（3）能恰当、适宜地控制信息传播的量和强度。

　　（4）能增强课堂教学的感染力，提高学生对教学信息的接受率。

　　（5）配合动作示范的讲解清晰、时机适合等。

3. 示范技能与演示技能

　　（1）示范技能。定向运动教师在传授技术动作时，必然要亲自示范动作，示范时先完

❶　刘莹. 信阳师范学院定向运动教育专业微格教学现状问题及对策研究［D］. 信阳师范学院，2018.
❷　刘莹. 信阳师范学院定向运动教育专业微格教学现状问题及对策研究［D］. 信阳师范学院，2018.

整示范，然后分解动作逐一传授，不管是完整示范还是分解示范，都要将学生的视觉充分调动起来，还要将动作结构、重点准确展现出来，这是使学生形成技术动作概念及在大脑中建立正确运动表象的重要条件。只有教师准确示范，学生才能正确模仿，在反复模仿练习中将技术动作掌握好。

（2）演示技能。在定向运动教学过程中，定向运动教师为了传授更具体、形象的教学信息，会用到一些教具，如挂图、模型、多媒体等。通过教具的演示或展示，学生对技术动作的相关要领有所理解与掌握，如动作的方向、路线、力度、幅度等。

4. 组织技能

作为定向运动教学的引导者与组织者，定向运动教师必须具备良好的组织技能。定向运动教师在微格教学中的组织技能主要体现在以下几个方面。

第一，对定向运动教学内容的选择。

第二，对定向运动教学方法的选用。

第三，对运动负荷的安排。

第四，对学生队形的安排与调整。

第五，对运动场地和器材的布局。

第六，对课堂上突发事件的处理等。

5. 教案编写技能

教案是组织课堂教学的具体方案，是定向运动课堂教学过程实施的重要依据。教案设计的好坏及在课堂上能否顺利实施都将直接影响教学计划的完成程度。可以说，良好的教案及有序的实施可以保证教学计划的顺利进行。编写定向运动课程教案时，一定要凸显定向运动教学的特点，并重视教师对教学技能的运用及学生主体的学习行为。编写教案是一项基本功，也是非常基础的教学技能，这项工作并不是孤立的，它与其他教学工作密切相关，直接影响后续教学工作的开展。

一般来说，教案要包含的内容有教学目标、师生的教学行为和学习行为，具体如实施教法、使用教学媒体、分配时间等。教案编写技能对定向运动教师的逻辑思维能力、文字组织能力都提出了较高的要求，一般来说，教学经验丰富的教师在教案的编写上更得心应手，缺乏教学经验的教师编写教案时会有些吃力或者说编写的教案不够完善。定向运动教师编写教案的技能是在实际工作中通过不断学习、总结和积累而不断提高的。

微格教学设计是微格教学教案得以产生的基础，对微格教学方案的编写要以教学设计为指导。具体来说，编写微格教学方案要注意以下几点要求。

（1）确定教学目标。微格教学是一种片段教学，针对片段教学内容而制定教学目标时，方法和一般的确定整堂课教学目标的方法没有什么区别，只是整堂课教学目标的确定要立足于整堂课的教学内容，而微格教学目标的确定要立足于特定片段教学内容。

（2）确定技能目标。在定向运动微格教学中，不同的教学内容对学生提出的技能要求也不同，要据此来确定恰当的技能目标。

（3）列出教学行为。定向运动教师要在教案中列出自己教学行为的相关环节，如讲授什么内容，提什么问题，举什么例子，准备什么器材，教授哪些定向运动技能，与学生怎样互动等。

（4）标明教学技能。在定向运动微格教学中，不同的教学环节要用到不同的教学技能，在教案中要标明具体要用的教学技能。如果某些教学环节要用的教学技能不止一种，则标明最主要的且具有代表性的教学技能。在微格教学教案的编写中，对教学技能的标注是一个显著的特征。微格教学也对定向运动教师对教学技能的感知能力、识别能力以及应用能力提出了较高的要求。对定向运动教师的教学技能进行培训本身就是微格教学的主要任务。

（5）预测学生行为。定向运动教师在微课教案的编写中要对学生在课堂上的行为进行预测并予以注明，比如学生能够掌握哪些技能，哪些内容掌握起来困难，学生会产生哪些误区等。学生的学习行为是定向运动教师对学生进行引导的结果，教师对这方面的预测有助于其灵活调整课堂教学方案或者灵活应对学生的学习行为。

（6）准备教学媒体。在定向运动微格教学中，可能会用到的教学媒体或教具有图表、幻灯片、标本等，在教案中要注明这些教学媒体，这样在课堂上才能有条不紊地使用教学媒体。

（7）分配教学时间。在教案中要清楚地说明为每个技能训练分配的教学时间，这样有助于控制整个教学过程。合理安排教学时间，有序推进教案的实施，有助于取得良好的课堂教学效果。

上面详细分析了微格教学教案所包含的主要内容，以表格的形式呈现教案，有助于整体上把握微格教学的过程，见表6-1。

表6-1　微格教学教案设计表[1]

学科：　　　　　日期：　　　　　年级：

执教者：　　　　　指导老师：

教学课题	
教学目标	1. 2. 3.

---

[1]　施小菊.定向运动微格教学[M].厦门：厦门大学出版社,2013.

续表

教学课题				
技能目标	1. 2. 3.			
时间分配	教师行为	教学技能	学生行为	所用教具、仪器和媒体等

二、定向运动微格教学设计与实施

（一）定向运动微格教学设计

在定向运动微格教学中，定向运动教师要以定向运动教学目标和教学技能培训目标为依据进行教学设计，教学设计的理论基础包括教学理论、学习理论、传播理论等，在这些理论的基础上对定向运动微格教学问题与教学需要进行系统分析，从而设计能够将教学问题解决好的教学策略与教学方案，教学方案成形后，就进入方案试行阶段，试行结束后对结果进行评价，最后再修改方案。[❶] 促进定向运动微格教学效果优化及提高教学技能培训效果是进行定向运动微格教学设计的主要目的。

与一般定向运动教学设计相比，定向运动微格教学的教学设计有自己的特点。在一般定向运动教学设计中，完整的单元课是设计者面向设计对象，教学过程是完整的，具体包括导入、讲解、练习、评价等几个连贯的环节。通常情况下，微格教学较为简短，是片段式教学，将一节课的一部分作为教学内容，教学设计也是针对这个片段进行的，主要目的是训练某种教学技能。鉴于一般定向运动教学设计与微格教学设计有所不同，在定向运动微格教学的教学设计中，建议将概念、原理、事实、方法等要素放在一个体系里，将它们作为一个完整的过程进行设计，而不是从宏观角度对这些结构要素——分析。从定向运动微格教学设计的特点来看，以培训教学技能为主的微格教学主要有以下两个教学目标。

第一，使被培训者熟练掌握教学技能。

第二，通过灵活而高效地运用教学技能来实现定向运动教学目标。

定向运动微格教学目标的实现离不开教师对多种教学技能的掌握及灵活运用，微格教学目标的实现程度又能检验教师的教学技能水平。可见，上述微格教学的两个教学目标相互联系、相互依存。为了更好地实现这两个教学目标，在定向运动微格教学的教学设计中，要遵循一般教学设计的原理，灵活运用教学设计的多种方法，同时将微格教学的特点

---

❶ 施小菊.定向运动微格教学[M].厦门:厦门大学出版社,2013.

体现出来。

需要注意的是，在定向运动微格教学的教学设计中，定向运动教师既要注重价值理性，又要重视技术理性，要将二者充分结合起来，使学生对微格教学的内涵及教学技能都有更深入的认识。在学生练习动作方面，既要强调准确性与规范性，又要关注理论方面的培养，使学生能够准确而清晰地进行语言表达，提高学生的综合素质与实践能力，为其将来从事定向运动教师职业打好基础。在教学设计中关注价值理性与技术理性，有助于培养学生的实践能力，同时能促使学生形成更强烈的职业情感。

在定向运动微格教学的设计中，定向运动教师既要强调技能培养，又要关注情感培养，尽可能将二者统一起来。为了优化微格教学中的情感因素，定向运动教师要努力与学生建立和谐的师生关系，使学生保持积极向上的学习情绪，进一步提升学生的学习能力、心理健康水平及心理素质。在角色扮演中，学生扮演教师的角色传授知识、示范动作，有的学生教的意识不强烈，不适应新角色，所以教师在课程设计中要加入培养学生教的意识的训练内容，使学生将教与学结合起来，从而有更多的有意义的收获和更全面的进步。

（二）定向运动微格教学的组织与实施过程

定向运动微格教学的组织与实施过程如图 6-6 所示。

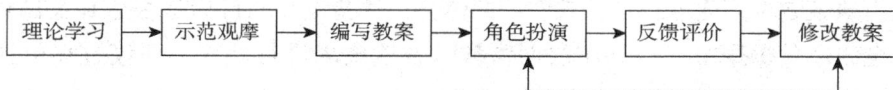

图 6-6　定向运动微格教学组织与实施过程

1. 理论学习

微格教学是一种全新的实践活动，其也具有深刻的理论基础，因此，学习和研究新的教学理论是十分必要的。理论学习和研究的内容包括：微格教学的概念、微格教学的目的和作用、学科教学论、各项教学技能理论。

2. 示范观摩

在提高各项教学技能时，可以提供相关的课堂教学片断，组织学生进行示范观摩。观看录像后引导小组成员讨论分析，达成共识。这样，学生不仅获得了理论知识，也有了初步的感知。

在观看示范录像片断时，教师要先提出具体要求，明确目标，突出重点，边观看边提示。提示时要画龙点睛，简明扼要，不可频繁，以免影响学生观看和思考。❶

---

❶ 施小菊.定向运动微格教学［M］.厦门:厦门大学出版社,2013.

3. 编写教案

关于编写教案，在定向运动微格教学技能中已经作了分析，这里不再赘述。

4. 角色扮演

角色扮演是微格教学的中心环节，是培养学生教学技能的具体教学实践活动，在活动中每个学生都要扮演一个角色，进行模拟教学。这样改变了传统的"教师讲、学生听"的教学模式，给学生提供了充分的实践机会，提高了教学质量。

角色扮演的要求主要有以下几个方面。

(1)扮演教师者要把自己当成一个"纯粹"的教师，要把自己置身于课堂教学的真情实境中，一切按照备课计划有控制地进行教学实践活动，训练教学技能。

(2)扮演学生者要充分表现学生的特点，自觉进入特定情境。

(3)在角色扮演前，指导教师要说明有关角色扮演的规定。

(4)除了执教者和学生以外，减少模拟课堂上其他无关人员的数量。

5. 反馈评议

在反馈评议阶段，首先由执教者将自己的设计目标、主要教学技能和方法、教学过程等向小组成员介绍，然后播放微格录像，全组成员和教师共同观摩。观看录像后进行评议，可以由执教者本人先分析自己观看后的体会，检验设计的目标是否达到及自我感觉如何，再由全组成员根据每一项具体的课堂教学技能要求进行评议。评议过程包括学生自评、组织讨论、集体评议、指导教师评议几个环节。

6. 修改教案

根据录像，参考技能示范录像和技能理论，对照评议结果，针对不足之处修改教案。

三、互联网视域下定向运动微格教学的优化

（一）注重微格理论知识的教学

进行定向运动微格教学，需要先具备一定的微格理论知识素养，这是非常重要的前提之一。学习微格理论知识，既能促进知识的丰富、思路的拓展，又能更深入地理解不同教学技能在教学中的重要作用，从而为上好微格教学课打好基础。定向运动理论教学时数较少，而微格教学的相关理论知识很多，为了使学生掌握好微格理论知识，需要在理论教学中拓展渠道，以使学生系统地掌握关于微格教学的丰富知识。

关于微格理论知识的教学，具体可以从以下几方面着手。

1. 强化理论学习，提高教学质量

微格教学理论非常丰富，主要内容有教学目标类型划分、教材与教学技能分析、教学设

计、多种教学方法、综合教学评价、各种教学设备的运用等。由于涉及的理论知识较多，而理论教学时数又少，所以定向运动教师要善于对这些丰富的理论知识进行分类，分析不同类知识的特点，明确教学重点与难点，然后在理论课上有计划地传授知识，以多样化的教学形式帮助学生掌握微格教学理论知识，使学生系统而全面地认识与了解微格教学。

2. 借助互联网进行理论教学

学生学习微格教学理论知识的主要途径是在理论课上学习，这是最常见和最主要的学习途径，但不是唯一途径，为了使学生掌握更丰富的微格教学理论知识，需要在传统教学形式的基础上拓展新的教学方式。在互联网时代，多媒体计算机的出现为学生学习提供了重要的媒介，利用互联网进行学习也是青少年学生普遍乐于接受和愿意主动采用的方式，这为微格教学提供了极大的便利。定向运动教师可以对微格理论教学知识进行数字化处理，制作成学习课件，然后上传到相关平台，使学生通过这些学习资源来补充学习微格教学的理论知识。教师也可以在线解答学生的疑问，这也为师生交流与互动提供了方便。

3. 结合实际案例使学生理解微格理论知识

单独学习微格教学的理论知识，学生理解起来有一定难度，这就需要与实际教学案例结合起来，使教学内容更形象、生动，也使学生更容易理解。教师以成功的教学案例引导学生学习，既可以吸引学生的注意力，促进学生学习积极性的提升，也能让学生自主发现问题，勇敢提出自己的看法，从而更好地掌握微格教学理论知识。

（二）构建微格教学资源平台

学生对微格教学理论知识的学习，教师对微格教学视频的上传，学生对微格教学案例的观看以及师生的互动，都可以在微格教学资源平台上实现。微格教学资源平台在定向运动微格教学的整个过程中都发挥着至关重要的作用，学生在定向运动课堂教学中及课外学习中都能通过这个平台获得帮助与指导。因此，构建这个平台是非常重要的工作，而确定该平台的内容更是重中之重。微格教学资源平台包含的内容及应具备的功能如下。

1. 微格教学理论知识

微格教学资源平台上一定要有丰富的微格教学理论知识，学生学习、教师设计教学方案以及最后的教学反馈及教学评价都要参考这些知识。

2. 优秀教学案例

在定向运动微格教学中，提供示范是一个必不可少的环节，在进行教学技能训练前，将成功的、优秀的、典型的教学案例上传到平台上，能够使学生对所要培训的技能形成感性认识，为技能培训的顺利进行做好准备。片段式的教学示范案例或一节课完整的教学示范案例都能起到正面的引导作用，帮助学生掌握知识与技能。教师在选取案例上传时一定要考虑案例对学生学习的意义，选取有代表性的案例，这样可以大大提高微格教学资源平台的实用性，体现平台的价值。

3. 学习视频即时上传

学生可以把自己的学习视频上传到微格教学资源平台上，让教师对自己的学习过程进行评价，获得教师的指导与帮助。还可以与同学相互交流学习情况，一起探讨疑难问题，共同进步。上传的学习视频最好能够对其他学生的学习有所帮助，鼓励更多的学生通过互联网资源平台来进行拓展学习。

4. 建立实训教室使用管理系统

一些学校的定向运动微格教学之所以能够顺利开展，很大一部分原因是实训室投入使用，而且使用情况良好，这是一个非常重要的物质条件。因此，为了进一步优化定向运动微格教学效果，建议学校根据自身实际情况建设实训教室，并完善实训教室的使用管理系统，即时将实训的情况公布于平台上，为学生自主练习提供便利。学生可自行与微格系统管理人员联系，确定使用时间，保证实训室的使用相对方便、自由。

需要注意的是，在微格教学中，实训室的使用率在不断提升。频繁使用实训室难免会增加设备损坏的概率，还会带来一些安全隐患，这就需要微格系统管理人员及时做好设备维修与管理工作，及时进行系统升级，为学生顺利使用实训室提供方便。

（三）增加学习评价环节

学生学习理论知识，观看教学案例后，就进入实训阶段。在这个阶段，学生的自我评价与分析非常重要，通过自我分析与评价能够为定向运动微格教学的进一步顺利开展奠定基础。关于学生学习的分析与评价，可采用以下几种方式。

1. 学生自我分析

学生了解自己的特点、优势与不足，可以自主分析哪些教学技能自己擅长，哪些技能掌握起来比较困难，以便于教师在教学中有针对性地进行训练，在学生的弱项技能上多下功夫指导，在学生的强项技能上不浪费时间，以提高课堂教学效率。

2. 教师指导分析

相对来说，教师的分析与评价更专业一些，分析与评价结果也更有说服力，更能让学生信服。教师指导分析既有一定的主观性，也有一定的客观性，主客观相结合的分析对学生全面认识自己更有帮助。教师通过分析与评价也能为调整教学方案提供现实依据。

3. 同学协助分析

学生在自我分析中难免主观性较强，可能存在在某方面过高评价自己或过于谦虚的问题，最终可能忽略了自己的一些潜能，所以同学协助分析与评价显得很有必要，这样能够有效提高评价的客观性与全面性。

（四）通过开展竞赛来提高学生的学习积极性

学生讲课、教师评课是微格教学的一种常见形式，评价以小组内部评价为主，单一的教学组织方式和评价方式往往不利于调动学生学习的热情和自主性，因此，可以用拓展教学竞赛的方式，培养与提高学生学习的兴趣与积极性，并促进学生对知识与技能的掌握。关于教学竞赛的拓展方式常见的有以下几种。

1. 定向运动技能竞赛

教师针对某一项教学技能在微格教学互动平台组织教学技能竞赛，同学们将自己的教学视频上传到教学资源平台，采用网上同学互评和教师评价的形式，评选出优秀的视频，既可以丰富教学资源平台内容，也可以激发学生学习的兴趣和积极性。[1]

2. 微课竞赛

随着学生对多种技能的掌握及技能水平的整体提高，需要学生学会综合使用教学技能，这时可以组织微课教学竞赛，指定某一项技术教学内容，由学生运用综合技能录制视频并上传到教学资源平台，然后进行评比，这种竞赛机制既能使学生更加注重综技能的训练，也提高了学生的学习积极性。

3. 说课竞赛

说课在某种程度上能反映受训学生的综合素质。经过单项教学技能竞赛和微课竞赛后，可通过开展说课竞赛实现教学水平更高层次的提高。说课教学设计更加注重对课堂的整体把握，使学生对设置教学目标、分析教材、把握教学重难点、选择教学方法、设计教学流程有更深刻的认识。

（五）加强专业师资队伍建设

为定向运动微格教学培养专业的师资队伍，提高教师队伍的业务能力与教学水平，是优化定向运动微格教学的必然要求。具体可以从以下两个方面着手。

1. 增加专业教师的数量

选派有教学经验的教师充实到教师队伍中，使其成为微格教学指导教师小组的成员，对学生进行针对性的教学指导，并进行个性化与更加细致的教学评价，以提高教学效果。

2. 提高教师的业务水平，加强业务交流

定向运动微格教学需要定向运动教师对教学技能有较高的认识水平和熟练运用的能

力，同时由于微格教学中要用到教学资源平台，还需要教师具备运用信息技术的能力。因此，在教师培养中应加强专业技能和信息化技能的培养。另外，教师之间应加强业务交流，深入探讨相关教学问题，共同完善教学过程和提高教学效果。

第三节　互联网视域下的定向运动微课教学

一、微课教学的基本理论

(一)微课教学的概念

微课教学是指教师将微课的资源整合到日常课堂中，根据学生的学习特点和学习进度，将微课资源与普通课堂相结合，从而实施教学的过程。

(二)微课教学的特点

微课教学的特点主要体现在以下几个方面。
(1)内容易懂，专注力强。
(2)集中、强化教学技能。
(3)突出自身优势，彰显个性特点。

(三)微课教学的意义

1. 促进学生学习积极性的提升

微课教学中，教师用直观的教学手段清晰地展示抽象的理论知识和不易掌握的技术动作，为学生理解与掌握知识、技能提供了方便，使学生学习起来更容易一些。学生对新鲜事物总是充满好奇心，而对于青少年学生来说，新颖的微课教学模式是比较新鲜的事物，能激发他们的好奇心和求知欲，学生在新的教学模式下学习的积极性会得到提升，更愿意主动学习，这对于提高学习效果、提升定向运动素养具有重要意义。

2. 使学生的个性化学习需求得到满足

微课教学可以使不同学生的个性化学习需求得到满足，学生可以根据自己的学习需要对所要学习的内容进行灵活选择，既能强化自己已经掌握的知识与技能，又能重点学习自己尚未掌握的知识与技能。微课教学为学生提供了延伸性的学习平台，学生利用这一拓展化的学习资源可以查漏补缺，完善自己的知识体系，巩固自己的运动技能。传统定向运动教学中，由于一节课时间比较长，学生的注意力很难始终保持高度集中的状态，学生注意力分散，无法与教师配合好，自然会影响课堂教学的顺利进行和最终的教学效果。而微课教学模式下，由于时间短，而且学生面对的是生动形象的教学资源，所以更容易集中注意力，也更容易准确抓住知识点，还能主动思考与探索，这对于促进学生视野的拓展及学习水平的提高是有好处的。

二、定向运动微课教学的组织与实施过程

定向运动微课教学的组织与实施过程可分为以下三个阶段。

（一）课前准备

课前准备工作的好坏直接反映教师的教学内容编制技能，准备阶段的工作主要包括对教学内容的选取、教学目标的确定、教学策略的制定、教学顺序的安排及教学器材的摆放等内容。选取教学内容一定要有明确的主题，对某一个或少数几个选定的问题集中进行说明，这样才能体现出定向运动教学的目的性、计划性，才能使教学目标发挥引领作用。❶

（二）课中教学

1. 课程导入

微课时间较短，在有限的时间内尽可能用新颖的方法引出课题，这样才能在短时间内吸引学生的注意力，使其在接下来的时间里集中精力学习。这一环节用时较少。

2. 正式进入教学活动

教学活动是主体部分，以解决一个技术问题为主线，教师的讲解要简短精炼，留出学生自主练习的时间，教师在旁边巧妙启发、积极引导。

3. 课后小结

课后小结是对教学内容要点的归纳及整个教学的总结。课后小结贵在"精"，要起到画龙点睛的作用，不做不必要的总结，以免画蛇添足。

（三）课后反思

教学探究和解决问题是课后反思的基本立足点，反思的要点有两个，即教和学，通过反思来检验目标的合理性与达成情况，根据现实问题提出解决方案与改进建议。

❶ 蒿彬.现代定向运动教学多元理论与实施路径研究[M].北京:中国书籍出版社,2019.

三、互联网视域下微课教学在定向运动体能课中的应用案例分析

（一）案例陈述

以定向运动体能课上核心力量训练的教学为例，微课教学在该课中的应用案例见表6-2。

表 6-2　体能微课教学设计——核心力量训练❶

授课教师		教学对象	
教学内容	核心力量训练的含义、意义、方法、应用		
教学重点	核心力量训练的方法和应用	教学难点	核心力量的形成机制
教学方法	问导式教学法、启发式教学法、多媒体教学		
教材选择	由王卫星主编，高等教育出版社出版的体能教材——《体能训练理论与实践》		
教学程序	1. 课程导入：直接式 2. 主体教学 （1）核心区的概念 （2）核心力量训练的含义 （3）核心力量的形成机制 3. 核心力量训练意义 4. 核心力量训练方法（运用半球形滚筒、瑞士球、悬吊器械、小蹦床、平衡垫、平衡板等器材） 5. 核心力量训练应用（竞技定向运动、大众定向运动、康复医疗） 6. 课堂小结 7. 习题解答 8. 布置作业：为自己喜爱的定向运动项目设计力量训练方法		

（二）案例解析

本案例教学过程相对完整，微课教学任务较为明确，教学方法有一定的创新。但需要将教学内容适当精简，解决好重点与难点问题，使学生学到"精华"。

---

❶ 蒿彬. 现代体育教学多元理论与实施路径研究［M］. 北京：中国书籍出版社，2019.

第七章 定向运动教师智能化教学能力建设路径和策略研究

本章主要在教师智能化教学理念与体系下对定向运动教师智能化教学能力进行研究，主要内容包括教师的一般教学能力标准体系研究、定向运动教师智能化教学能力建设路径、定向运动教师智能化教学能力建设策略。

第一节 教师的一般教学能力标准体系研究

教师的专业标准与教师的专业化进程紧密相关，教师教学能力的标准化则代表教师教学专业化的发展程度，既是教师开展一般教学活动的工作标准和认定标准，也是评价教师的有效教学和表现的标准，更是教师参与一系列专业学习活动的诊断依据和评估教师专业发展水平的标准。

一、教师一般教学能力的核心要义

从字面上理解，教学能力是能力的一个属概念，因此，教学能力的概念、结构的界定，一方面要考虑能力的本质和特性，另一方面也要考虑教师专业和教学岗位的性质及需要。但对于教师教学的概念界定，人们的看法不尽一致，甚至存在争论。目前，关于能力的概念和构成的研究一类是沿用心理学中的相关概念，认为能力是由相关的知识、技能及态度构成的；另一类则是通过分析教学活动过程或目标来界定教学能力概念。同时应看到，由于教学思想、教学理念、教育理论、学习理论研究的影响，在教学能力的概念和构成分析上，也存在颇多争议。从教学能力的内涵看，教学能力是一个综合的个人特征，是支持在各种教学环境中满足有效教学绩效所需要的知识、技能和态度。从工作内容看，教学能力包括教师能够诊断和课程主题相关的学习前提条件，并根据持续的诊断对学习过程进行指导；能够联系学习目标进行课程决策；能够制定学习安排，根据对学习前提条件、个性学习过程、学习目标的分析，调动学生参与学习的积极性；能为教学和学习的顺利开展进行有效的课堂管理。从能力实践环境看，教学能力是顺利完成教学活动所必需的，并直接影响教学活动效率的个体心理特征；是通过教学活动将个人智力和教学所需知识、技能转化而形成的一种职业素质，它依托于一定的智力，是以认识能力为基础，在具体学科教学活动中表现出来的一种专业能力。也有学者从有效教学的角度认为教学能力是指教师在一定的教学情境中，基于一定的教学知识和教学技能，促进教学目标的高效达成，促进学生生命发展表现出来的个性心理特征，是科学性和艺术性的统一。

（一）教师一般教学能力的概念界定和内涵理解

本书基于上述观点，对教师的一般教学能力做出了相关的概念界定和内涵理解。教师的一般教学能力是教师为胜任教师职业角色，促进学生有效学习和教师自身专业发展的核心能力，主要包括教学思想、意识和态度、教学设计能力、课程资源开发和利用能力、教学实施能力、教学管理和评价能力、教学研究和反思能力、教学实践创新的能力等。从概念本身来看，教师的一般教学能力可以从以下几个方面理解。

第一，一般教学能力总是与教学活动相联系。一般教学能力是教师个体或群体在计划、组织和实施教学活动中表现出来的，影响教学活动顺利进行的一般能力。教学能力的形成、体现和发展都源于教学活动，脱离教学活动的教学能力如同无源之水、无本之木。

第二，一般教学能力是教学知识、技能和态度的有机融合。教学态度是形成教学知识和技能的观念基础，教学知识和技能则是形成一般教学能力的核心内容。教师必须有合理的教学知识和技能结构，才能有较高的教学能力。尽管知识的积累和技能的熟练不是必然带来能力的提高，但事实证明，具备高水平教学能力的教师往往都有扎实的教学知识、合理的技能结构和丰富的实践经验。而教学实践是促进教学知识、技能转化为系统的一般教学能力的内在条件。

第三，一般教学能力是科学性、艺术性和实践性的统一。科学性即教师教学能力的可培养性，指教师可以通过师范教育、专业学习等获得具有规律性和可迁移性的教学知识和技能。艺术性是指教师可以在教学过程中实现对教学的再创造。早在 17 世纪，赫尔巴特就在其出版的《大教学论》中提出要阐明把一切事物交给一切人类的全部艺术。教学不是对教学方案的简单执行，而是知识、情感、态度、价值观等方面的具身投入。教学能力艺术性的源泉也正是教师作为具备独立思考能力和主体精神力量的生命体而存在。譬如，教师的教学机智和教学智慧就是开展教学不可或缺的艺术。实践性即所谓"纸上得来终觉浅，绝知此事要躬行"，教学能力既是在实践中锻炼出来的，也是在实践中体现出来的。

最后，一般教学能力的发展是教师专业发展的重要内容。一方面，教学能力的发展是教师个体专业水平提高的标志。另一方面，如果教师缺乏高水平教学能力，就不太可能提高教学质量，也难以保障教师群体的专业地位。

（二）教师一般教学能力的主要特征

教师的教学能力提升是一个相对缓慢和艰难的过程，需要多方面的努力。这些能力的形成机制较教师其他方面的素质发展更为复杂，也正是这种复杂性决定了教学能力的特点。总的来说，教师的一般教学能力具有以下特点。

一是个体性，指教师教学能力是教师作为个体在日常教学中通过体验、感悟、思考和实践等方式逐步形成的，但这种形成不是教师把普遍的、规范的某种教学知识或教学理论学会之后应用于教学实践的简单过程，而是受教师个体的思维特性、个性、知识储备、自我形象、职业动机以及所处的教学情境等的影响，蕴含了教师将一般理论个性化和个人情感、知识、观念、价值应用和融合的过程。教师教学能力发展的层次性和差异性是影响教师进行个性化自主发展的重要因素。

二是创新性，由于教学对象具有特殊性、复杂性、多变性，因此教师的教学不同于其他工作，它更需要创造性劳动。面对成长背景、性格特征、心理特质、能力水平、情感态度等都存在差异的学习者，教师在力图促进全体教学对象全面发展的同时，必然需要兼顾不同学生的个性化发展。这就意味着，根据目标按部就班的教学行为是行之无效的。教师要顺应时代和社会发展，及时调整自身的教育教学理念，以生为本，创造性地选择教学内容、教学策略，开展学习者真正需要的教学活动。

三是发展性，指教师教学能力在极其复杂的教学过程中，为适应不同个体或群体需要而表现出来的特征，即教师的教学能力伴随着教师的整体发展而不断提升，并与课程教学改革相互联系。教学能力发展的可持续性要求教师成为终身学习者。

四是复合性，一直以来对培养学生综合能力的倡导和当下对发展核心素养的呼唤，使得学校育人从根源上发生了明显变化。跨学科教学成为变革育人方式的重要体现和必要实现方式。跨学科式的学习能使学生"亲历"知识，实现学科的整合，促进学生学科思维的形成。但目前大多数教师只具备学科教学能力，缺乏跨学科教学的意识和理念。而这不仅要求教师具有强大的学习力、行动力和创造力，更要求教师以此为基础发展复合教学能力。

二、不同研究类型下的教师一般教学能力构成

就能力二因素学而言，能力主要由两个部分构成———一般能力和特殊能力。一般能力

是指个体从事一般性的活动需要的心理特征，包括感知力、记忆力、思维力等；特殊能力则建立在一般能力之上，是指个体通过实践或训练所形成的从事特定活动所需的能力。教师的教学能力建立在教师的一般教学能力基础上，是教师从事教学活动的专业能力的主体内容。对教师一般教学能力构成的揭示，旨在说明教师教学能力这个整体或系统，是由哪些要素（部分或子系统）构成的，以及要素与要素、要素与系统之间的关系。因此，教师一般教学能力的构成多是学者或专家研究的重点，现有研究已经对此进行了较深入的探索。但由于研究视角和研究方法不同，对于教师一般教学能力结构存在各种各样的说法，并提出了多种相关能力结构框架。从有关教师一般教学能力构成的研究成果来看，可以将其概括为封闭式研究、半封闭半开放式研究和开放式研究三种研究方式。

（一）封闭式研究下的教师一般教学能力构成

封闭式研究主要是指研究者根据某种确定视角对能力的构成进行界定，通常可以分为两种方式，一是根据教学活动过程和任务对一般教学能力的构成开展研究，二是根据某种具体的教学理论对一般教学能力的构成进行研究，如认知心理学理论。这两种方法是当前国内外学者选取频率最高的方式之一。

（二）半封闭半开放式研究下的教师一般教学能力构成

半封闭半开放式研究是指研究者通过研究宽泛地列出若干条教师教学所需要的能力，然后通过问卷调查得出主要的教师一般教学能力结构。例如任训学曾基于文献资料、专家咨询和长期的教学实践和研究成果，审慎地归纳概括出 32 项教学能力要素，并以此设计制作了"中国教师教学能力调查表"，然后以教学经验丰富的中学教师和高年级师范生为对象进行问卷调查和分析，最终得出一个教师教学能力结构框架，❶ 主要包括教学设计能力、课堂讲授能力、调动学生主体性的能力、教学测评能力和教学研究能力五个方面。

（三）开放式研究下的教师一般教学能力构成

开放式研究主要是指研究者根据研究对象进行开放式的调查，在对数据统计分析的基础上得出一个能力结构。例如北京师范大学申继亮教授曾带领团队设计面向中小学教师的开放式问卷，由教师们根据自身的教学经验自由地描述教学能力的构成要素，并通过对问卷的数据处理、分析结构，归纳出中小学教师教学能力的构成。❷ 尽管这种研究方式比较贴近教学实际，但是缺乏一定的逻辑性和系统性，研究过程稍显零乱。

---

❶　任训学.中学教师教学能力的调查报告[J].湖北大学学报(哲学社会科学版),2000(2):99-103.
❷　申继亮,辛涛,邹泓.中小学教师教学能力观的比较研究[J].教育科学研究,1998(1):1-4.

三、教师一般教学能力的结构模型及内涵分析

（一）教师一般教学能力的结构模型

教学能力的结构是指反映教学能力各构成子集按照一定逻辑关系搭配与排列形成的有机组合。根据组织行为学理论和教师专业发展理论，本文构建了教师一般教学能力的结构模型，整个模型呈现出三角形特征，主要分为意识层、基础层和拓展层三个部分，如图7-1所示。教师的一般教学能力包括：教学思想、意识和态度，教学设计能力，课程资源开发和利用能力，教学实施能力，教学管理和评价能力，教学研究和反思能力，教学实践创新能力。首先，教学思想、意识和态度奠定了整个教学能力的意识和观念基础，不易触及，也最难改变和发展，可能涉及教师在教学中的自我概念、教学动机、价值观念等内容。其次，教学设计能力、课程资源的开发和利用能力、教学实施能力和教学管理和评价能力属于基础层。最后，教学研究和反思能力、教学实践创新能力处于整个教学能力结构模型的拓展层，是教师教学专业能力发展的较高层次。教师的基础教学能力和拓展教学能力则是看得见的并最容易改变的部分。

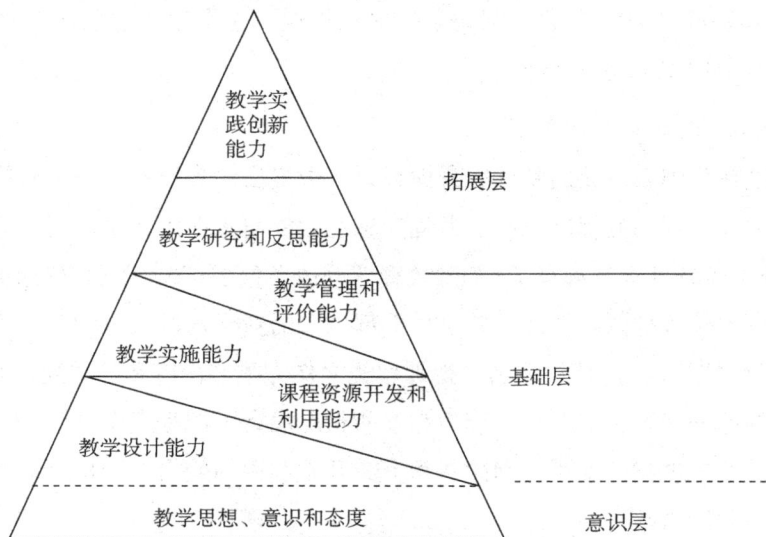

图7-1　教师一般教学能力的结构模型

（二）教师一般教学能力结构的内涵分析

1. 教学思想、意识和态度

教师的教学思想、意识与态度是建立教师一般教学能力模型框架的基础和出发点，也

是影响教师教学行为和教学效果的重要内在因素。随着课程改革的不断深化，首先需要教师在意识上作出相应的改进，其次是教师教学行为的改变，最后是教学效果和教学质量的提升。教学意识指的是对教学的敏感性与自觉性程度，一位教师熟悉教学，能够站在教学的立场来理解自己的工作，那么他就有教学意识，而教师的教学效果由其自身的教学意识决定，教学意识的强弱也会对教师教学水平的高低产生决定性的影响。教学态度则是教师个体对特定对象（如学生、教学观念、情感或教学事件）所持有的稳定心理倾向。俗话说，"态度决定一切"。教师个体作为影响教师能力发展的根本性因素，教师自我提升的动机和意愿是影响其发展的最关键因素。通常，教师的教学态度包括教学认知、教学情感以及教学行为表现，或称之为"行为意向、行为倾向"。其中，认知成分包括被测者的知识、信念、期望以及被测者感知到的对象及其特征，认知是情感和意向的基础，对学生有什么样的看法、评价，就有可能产生什么样的情绪情感，也就可能有相应的趋向行为，即我们所说的"罗森塔尔效应"。情感成分包括被测者的感觉、情绪、心境、动机和相关的心理变化。行为表现成分包括被测者计划中的和已经实施的行为，它是教学态度的核心，既影响态度的认知成分，也影响行为倾向成分，包括教师的热情、意志等内容。教师对学生的爱是师生关系的有效催化剂，也是教育的推动力，是教育培养学生的前提和基础。它既有助于调动学生的积极性，也有助于启发学生的思维，还有助于促进学生良好社会情感的形成。

2. 课程资源开发与利用能力

课程资源是在我国新一轮的基础教育课程改革中提出的重要概念，课程资源决定课程实施，课程资源开发利用的程度也决定课程实施的效能与水平以及课程目标实现的范围与水平。早在 2001 年教育部就颁布了《基础教育课程改革纲要（试行）》，特别提出要积极开发并合理利用校内外各种课程资源，并且教育部颁布的新全日制义务教育各学科课程标准都专设"课程资源的开发与利用"一项，把课程资源作为重要内容和要求列入其中。教师本身作为最重要的课程资源，其意识、能力和素质状况决定了课程资源的识别范围、开发与利用的程度以及发挥效益的水平，因此课程资源开发利用的能力已经成为教师应具备的一种核心的教学基础能力。

目前，在我国中小学的课程开发方式中，学校和教师话语权不够，使得大量有意义的课程资源未被纳入课程的范畴，其教育功能未被充分地认识和利用。教师、学生、家长把课程资源主要定位在教科书、同步练习以及各种强化训练的辅导书上，这造成课程资源来源单一，不利于学生的全面发展。此外，过去我国在课程资源开发的主体、实施空间、资源内容等方面的发展也比较落后，仅仅依靠少数专家开发课程资源，没能充分调动广大一线教师的积极性。将教学局限于课堂很不利于学生的研究性学习、社会实践以及劳动技术课程的实施，课程内容也往往偏重于知识特别是对学科知识的开发，忽视对学生能力和素质的培养。在这种背景下，教师课程资源开发与利用能力在教学实施过程中显得尤为重要，它包括教师的课程资源开发和利用意识、资源平台的构建能力和课程资源的识别能力等。

3. 教学设计能力

教学设计能力这一概念最初是作为教育技术人员的专业能力之一被提出的，但是随着学习理论、教学理论、技术的迭代更新及其与教育领域的融合，教学结构的要素被不断扩充，也催生了新的教学工具、新的教学环境、新的教学模式和教师角色，还对教师提出了新的能力结构要求。因此，教学设计能力逐渐从教育技术人员的一项独有的专业能力转为面向广大中小学各科教师的一项基础教学能力。2005 年之前，有代表性的教学能力研究中尚未明确提出有关"教学设计能力"的概念，而是以钻研和处理教材、编写教案、备课、选择和运用教学方法等能力代替。[1] 此后，"教学设计能力"多作为教学活动实施之前的阶段被明确提出。

重庆师范大学的杜萍教授在参考了国外的相关研究，包括美国教育部"全国专业教学标准署"制定的美国中小学教师教学能力标准、日本学者西昭夫提出的开展教学应具备的 8 种基本能力、欧洲经济合作与发展组织（OEDC）属下的教育研究与革新中心（CERI）在 1993 年有 10 个国家参加研究并提交的案例研究报告、国际培训、绩效与教学标准委员会于 2004 年制订的《IBSTPI 教师能力标准》，并结合上海、重庆、浙江、河北、山东等地关于教师资格考试制度的规定和细则，提出了包括教学设计能力在内的 7 大类教学能力，并列出项目内容，且作了细分。教学设计能力的项目内容和具体细分见表 7-1。

表 7-1　教学设计能力项目内容及能力观测点

类别	项目内容（6 项）	能力观测点（行为表现考察的项目）19 项
教学设计能力	理解分析学生能力	认识学生
		了解学生的学习起点
		分析学生的学习风格
		预测学生学习可能出现的问题
	教学目标编制能力	制订学科教学目标
		制订课时教学目标并具体化
	教学内容重组能力	熟悉教学内容
		科学地选择教学内容
		系统组织教学内容

---

❶　顾苗丰. 教师教学设计能力构成的研究综述[J]. 现代教育科学,2012(6):68-72.

续表

类别	项目内容(6项)	能力观测点(行为表现考察的项目)19项
教学设计能力	教学过程设计能力	具有层次、节奏流畅
		符合学生学习规律
		活动达成目标，适度且有吸引力
		恰当运用现代教育技术
	教学策略选择能力	熟知教学策略
		选择科学有效的教学策略
		优化组合多种教学策略
	弹性设计能力	预测课堂中可能出现的变化
		教学设计预留空白与储备
		教学实施中的再次设计能力

其中，"弹性设计能力"是对教学设计能力具有创造性的研究，它考虑了课堂中可能出现的突发事件，要求教学设计中预留空间和储备，以便教师有自己发挥的空间。此外，在教学设计完成之后，并不意味着教学设计活动的真正结束，教师还要有再次设计的能力，以便在教学实施中考虑学生的差异和变化，因材施教，发挥学生的主体作用。不过，该表中的教学设计能力只包括教学过程实施之前的设计，没有覆盖整个教学活动。若按教学设计的要求，除了对教学目标、学习者、学习内容、方法和策略进行分析外，还包括教学媒体的选择、设计教学评价及对策略和评价进行再修改的能力。

4. 教学实施能力

课堂是教师专业实践力提升的主阵地，教师的专业实践力首先表现为课堂教学实施能力，因此教学实施能力是教师教学能力的重要组成部分。教师的教学实施能力指教师为保证教学成功，达到预期教育教学目的，对整个教学活动进行计划、控制、检查、反馈和调节的能力。这种能力主要包含三部分内容：一是教师对自己的教学活动事先计划和安排；二是对教学活动进行有意识地监察、评价和反馈；三是对教学活动进行调节、校正和有意识的控制。由于教学活动的内容及其涉及的因素多种多样，因此教师的教学实施能力也具有多样性的特点。国内有学者将教师的教学实施能力分为课堂组织与管理能力、语言表达能力、教学监控能力、教学媒体的选择与运用能力、因材施教能力、教学机智以及板书的设计与运用能力七个维度。

5. 教学管理与评价能力

教师的教学管理和评价能力是教师在教学过程中必备的能力之一，是以参与教学活动的各个因素为评价对象，对教学活动的整体功能进行评价的能力。我国颁布的《基础教育阶段各级教师专业标准(2012)》中，对教师的教学评价能力做了明确的规定和要求，规定教师要对学生进行"激励和评价"。例如在中学阶段，要求教师能够掌握多元的评价方法，学会利用多样的评价工具，能够多角度、全方位地评价学生；能够引导学生自评，并教给学生进行自我评价的方法；教师在教学过程中也要进行自我评价，根据评价结果及时调整自己的教学工作，以更好地促进学生的发展。英国《教师专业标准（2012）》中要求，了解并理解如何评价相关科目和课程领域，包括法定评价要求；利用形成性和总结性的评价来确保学生的进步；使用相关数据来监控学生学习的进度，设定目标，并计划后续课程；给予学生定期的反馈，并鼓励学生对教师的反馈作出回应。美国教师对学生教育评价的专业标准认为，教师应该具备多方面的评价能力，包括为相应的教学决策选择适当评价工具的能力；对外部或自主开发的评价工具进行管理、评分和解释的能力；能够运用教学评价的结果等能力。

教师教学评价能力的具体内容，主要包括以下三部分：一是对学生学习的评价能力，二是对课程的评价能力，三是对自我教学的评价能力。综合不同国家和地区提出的关于教师评价能力标准中的观点可以看出，对教师教学评价能力的要求主要集中在教师对学生的评价能力方面。学生是教育教学的主体，教师评价学生不仅是为了评价学生的发展情况，也是为了以学评教、以学定教。另外，教师自我评价能力作为教学评价能力的重要组成部分，是教师专业发展路上相当重要的一环。教师可以通过对教学过程、教学行为、教学效果进行评估和自我反思检讨，充分了解自己的教学优势和缺点，从而推动教师持续学习和不断优化教学。

6. 教学研究与反思能力

教师的教学反思能力是指有意识地对已经发生或正在发生的教学活动进行批判性的思考和审视，在此过程中，要运用以往的知识和经验，发现教学活动中存在的优势与不足、困惑与问题并进行深入分析，进而通过行动解决问题并进一步积累教学知识、重构教学经验的能力。中小学教师一般教学能力中的研究与反思能力包含以下四个二级维度：第一，对课堂教学实践的检视能力；第二，对课堂教学过程和结果进行理性分析的能力；第三，总结和提炼课堂教学实践重要经验的能力；第四，主动探究课堂教学问题的解决方法。教师的课堂反思能力是教师专业成长的重要内容，也是建构反思型课堂教学的重要影响因素。而反思型教学的反思对象既包含教学内容维度，也包含教学技术维度和教学伦理维度，还包含教学时间维度；反思动力依承于教学实践合理性的追求；反思基本点指向教学中的探究和问题的解决过程；反思用意在于教师"学会教学"与学生"学会学习"的统一。教师的课堂教学反思体现了教师对"怎样可以教得更好"的探求。教学反思能力是教师教学能力整体发展的内部驱动力，同时也是反思型教学的重要内容条件，是促进传统课堂教学变革的重要因素。教师的教学研究能力偏向于教学实践应用层次，其目的在于为自己的每一项教学活动赋予崇高的教育意义，使课堂迸发出生命与活力。因此，教师教学研究能力的培养和提升对于教师自身和教学发展都显得尤为重要，基于课堂教学实践的研究既有助于教师教学能力的主动发展，又有助于提升教学研究的实质内容，它以一种循环运作的过程呈现出来，最终指向教师有效课堂的生成和构建。通常，中小学教师的教学研究能力包含四个二级指标：第一，教师研究课堂教学中实际问题的能力；第二，教师基于现实需要开展相关课题研究的能力；第三，教师通过课堂教学研究能力将自身的教学经验转化为知识的能力；第四，教师针对教学问题开展自我研究的能力。

叶澜教授在对新世纪教师专业素养的探讨中着重强调，若要提升教师职业专业化水平就必须要强调有关研究能力的要求，因为具有科研意识、知识与能力是所有专业人员的共同特征。由于教师的工作是具有创造性特征的工作，因此教师的课堂教学活动也是具有创造性的活动，而教师的课堂教学研究能力正有助于这种创造性的提升。教师课堂教学的研究能力是从观察和反思开始逐步深入探究达到研究的程度，因而反思性是课堂教学研究能力最显著的特征。

7. 教学实践创新能力

随着课程改革如火如荼地推进、深化，教学的任务和目标发生了很大的变化，而且教师专业自主化和教学自由的出现，使得大众对教师的教学能力提出了更高的要求。教学创新能力是针对传统教学的教条化、流程化而提出的，它正在成为教师教学能力的一个重要的有机组成部分和每一位教师的自觉要求。一个墨守成规的教师对于学生创新性的发展无疑是一种近乎灾难的障碍，换句话说，不能进行创新就无法顺利地完成教育教学任务，实践创新能力已经成为教师从事教学工作、进行创造性教学的根本条件之一。此外，教学创新能力是一种源于教育实践而又有所超越的混合深化的创新能力，它还包括设计颇有新意、效果最佳的教育教学方案的能力，如确定目标、安排结构、运用方案等一系列环节，以及进行教育科学研究的能力、机智幽默的教学应变能力。所谓教学应变能力，则是指教师创造性地对教学过程中出现的偶发情况进行及时、巧妙、灵活地处理，顺利完成教学任务或收到意外的教学效果的课堂教学实践能力，也就是所谓的"教学机智"。

第二节　定向运动教师智能化教学能力建设路径

路径是指通向某个目标的从起点到终点的全程道路。定向运动教师智能化教学能力的建设路径是指以促进定向运动教师智能化教学能力形成和发展为目的的全程道路，具体表现为促进定向运动教师智能化教学能力发展的各种活动，如职前培养、在职培训以及定向运动教师自主学习等。路径是达到某个目标的宏观途径，具有较强的指向性，但具体性较弱，即路径无法解决"具体如何走"的问题。本节通过分析定向运动教师智能化教学能力发展的特点和影响因素，提出定向运动教师智能化教学建设的具体有效路径。

一、定向运动教师智能化教学能力发展的特点

定向运动教师智能化教学能力成长是复合的发展过程。定向运动教师智能化教学能力的发展是长期的、持续的，也是阶段的、动态的过程。

第一，智能化教学能力的发展是复合的过程。首先，智能化教学过程具有复杂性。教学是一个十分复杂的过程，具有过程和结果的突发性和不确定性。在新技术的影响下，教学过程更为复杂。定向运动教师要在复杂的智能化情境中取得有效的教学效果，其应该具备的教学能力也需要具有像教学一样的复杂性。其次，定向运动教师智能化教学的对象是具有多元智能的学生。多元智能理论认为，人类思维和认识的方式是多元的，每个人的智力是由相互独立而又彼此联系的一组能力组合而成的。未来定向运动教师需要借助人工智能技术发展学生的多样化智能，这意味着定向运动教师在智能化教学中既要关注学生个体内部的多元智能发展，也要清楚一个班级的全体学生是多样化、多元化的存在。教育教学中的以上特点决定了定向运动教师的智能化教学能力具有复合性，多元的智能化教学能力之间不是相互独立的而是相互关联的，是相互结合、相互渗透的，智能化教学能力需要复合化发展。

第二，智能化教学能力的发展是长期的、持续的过程。定向运动教师的智能化教学能力发展过程是从掌握智能化教学知识到熟练运用再到融会贯通的一个终身发展过程。这意味着定向运动教师要成为"一条小溪，一条小河，一条常流常新、敢于不断否定自己、更新自己的小河"。定向运动教师的发展是一个连续不断、动态变化的过程，是个体一生中不断应对教育的变化与挑战，使其知识不断积累、能力不断提升的过程。对作为个体的定向运动教师来说，成长变化的过程是持续不断地进行的，是贯穿个人职业生涯的连续过程。因此，定向运动教师的智能化教学能力也是由低级到高级、由简单到复杂、由量变到质变的不断发展过程。这一过程并不会在毕业后走上定向运动教师岗位时终止，而是贯穿教学生涯始终。

第三，智能化教学能力的发展具有阶段性。阶段是指事物发展过程中根据一定的标准划分的段落。美国学者柏林纳（D. C. Berliner）根据定向运动教师教学专业知识与技能的学习和掌握情况，将教育专长的发展过程分为五个阶段，新手阶段（novice）：定向运动教师的主要任务是学习一些陈述性知识，熟悉课堂教学的具体情境，获得初步的教学经验；进

阶新手阶段(advanced beginner)：定向运动教师们开始意识到教学情境的相似性，能够把过去所学知识与当前的具体情境相联系；胜任阶段(competent)：定向运动教师们能够按照计划，对事件作出适当的反应，并能承担更多的职责；能手阶段(proficient)：定向运动教师能从丰富经验中综合性地识别出情境的相似性；专家阶段(expert)：该阶段的定向运动教师能以非分析性、非随意性的方式，理智地对教学情境做出合适的反应。可见，智能化教学能力的发展是一个分阶段的过程，定向运动教师在不同的专业化阶段表现出身心发展不同的总体特征及主要矛盾，面临不同的发展任务。过去所学的智能化教学的知识和经验，是未来发展的基础。

第四，智能化教学能力的发展是动态的过程。时代的变化，使得智能化教学能力的标准具有动态性。在课程改革的背景下，教学过程中的因素如师生关系、教学内容、教学环境、教学方式、学习方式、评级方式等都发生了深刻的变化。这些变化使得课堂教学变得更加复杂多元，更加难以预测，而且这些变化经常同时出现。因此，在长期与教育环境、教育对象的互动过程中，定向运动教师需要不断调整自己的思想观念、价值取向，丰富智能化教学技能，从而满足自身不同阶段的需求，实现可持续发展。

二、定向运动教师智能化教学能力发展的影响因素

定向运动教师智能化教学能力发展与定向运动教师教育教学过程中人工智能技术的应用有很大关系。将技术运用于教学实践中的影响因素，包括技术的、个体的、组织的教学与学习等，这些因素都对教学中的技术运用产生重要的影响。我们将影响定向运动教师智能化教学能力发展的因素概括为外部因素和内部因素两大类，外部因素又包括社会因素和学校因素两大类。社会因素主要指政府政策的支持，学校因素包括物理环境的支持和文化氛围的支持。内部因素是指定向运动教师个人因素，包括定向运动教师自身的信息化教学理念、智能技术操作水平、智能化教学设计能力、智能化教学资源应用能力以及在智能化教学环境中开展教学的组织能力等各个方面。

(一)社会因素

定向运动教师教学能力发展是现代教育改革的一个部分，而教育的改革和发展受到相关政策和制度的制约。相关政策和制度对定向运动教师发展产生巨大影响。

第一，财政投入的影响。财政投入为定向运动教师的生活、工作和学习提供保障，影响定向运动教师的成长，从而影响定向运动教师智能化教学能力的发展。财政投入在某种程度上决定了定向运动教师发展资源的保障、定向运动教师教育的改变、定向运动教师的福利待遇等，而这些正是定向运动教师发展智能化教学能力的前提性物质条件。

第二，定向运动教师教育制度的规范。定向运动教师资格制度，是在一定的历史条件下，国家对从事定向运动教师职业、专业或教育教学活动应具备的条件或身份的一种强制性的规定，是国家对定向运动教师统一实行的法定职业准入制度，是国家对专门从事教育教学工作人员的最基本要求，是公民进入定向运动教师行业的前提条件。定向运动教师资格制度中对申请者教学能力的考核内容直接对定向运动教师教学能力结构起规范作用。

第三，现行教育考核机制的影响。现行的教育考核机制是影响定向运动教师使用人工智能技术最直接的环境因素。例如，在中学阶段，由于面临升学压力，学校教育教学的主要目标就是提高学生的学业成绩，定向运动教师会将更多的精力放在如何让学生在中考、高考中获得更好的成绩上。中小学教育考核制度在很多方面制约了课程改革，影响定向运动教师的教学态度和教学行为，进而约束了定向运动教师的教学能力发展。

（二）学校因素

学校是定向运动教师专业生活的重要环境，是定向运动教师从事教育教学活动的主要场所。定向运动教师的智能化教学行为依赖一定的教学环境。学校在物质、制度、文化等方面对定向运动教师的智能化教学能力发展产生显性和隐性的影响。学校因素主要分为物理环境和文化氛围。首先，物理环境是指是否具有可用的智能硬件和智能软件及其环境，包括教室的网络联通、智能设备的性能、教室智能设备的软件配置情况、智能设备的可用性等。目前由于受经济条件和硬件环境条件的制约，智能技术的教学应用受到极大的限制。先进技术装备与应用可以为中小学教育教学改革发展创造良好的环境和有力的支撑。例如，智能软件资源的建设应与智能设备资源匹配，软件资源的来源、类型和质量等都是定向运动教师智能化教学能力发展的重要因素。其次，文化氛围是指学校中师生共建共享的价值观念和行为模式。文化氛围主要有学校领导文化、定向运动教师群体文化、专业生活文化、学习培训文化和制度规范文化等，包括管理层的支持、学生的可接受性、定向运动教师培训的激励机制、定向运动教师共同体的支持等方面。文化氛围潜移默化地影响定向运动教师的行为，在定向运动教师智能化教学能力的发展中发挥隐性作用。学校应建设开放合作、创新和谐、具有现代化气息的校园文化，营造定向运动教师间、师生间相互学习、相互促进的良好氛围，促进定向运动教师合作共享精神、终身学习观念、创新创造意识的形成，提高教学热情和转变内部发展动力。

（三）定向运动教师个人因素

定向运动教师智能化教学能力的发展当然首先需要在政策制度、技术设施设备、校园文化等方面得到保障。然而，决定定向运动教师智能化教学能力成功发展的关键仍在于定向运动教师本身，在于定向运动教师自身教学观和学习观的转变，如定向运动教师能否改变传统教育教学观念，能否改变传统的教师观和学生观等。因此，定向运动教师个人因素是定向运动教师运用人工智能技术进行教育教学的内部驱动力，是影响智能技术投入教育教学过程的最主要因素。定向运动教师个人因素主要涉及定向运动教师智能化教学能力发展的价值取向、人工智能应用知识水平和智能化教学知识水平两方面。首先，定向运动教师智能化教学能力发展的价值取向指的是定向运动教师基于自己的价值观在面对或处理人工智能技术应用于教育教学过程中的各种矛盾、冲突、关系时所持的基本价值立场、价值态度以及表现出来的基本价值倾向。要使智能机器和系统在课堂教学中发挥作用，定向运动教师对人工智能的认识和态度是关键，只有定向运动教师认为人工智能的有效运用对于优化教育教学过程、培养创新型人才具有非常重要的作用，定向运动教师才有可能发展自身的智能化教学能力。但应警惕定向运动教师出现认知混乱的现象，由于人工智能技术在教育领域的应用，某些定向运动教师片面地将智能化教学能力的提高等同于使用新技术的能力提高，形成唯"技术主义"，影响定向运动教师的思考能力和批判意识。其次，人工智能应用知识是指定向运动教师应用智能机器和系统的知识，智能化教学知识指定向运动教师所掌握的贯穿教学活动各个环节的与人工智能技术相关的知识，包括整合人工智能技术的学科内容知识、整合人工智能技术的教学法知识和整合人工智能技术的学科知识。定向运动教师掌握的有关人工智能应用知识和智能化教学知识是定向运动教师将人工智能技术投入教育教学的重要保证，是影响智能化教学效果的重要因素。

三、定向运动教师智能化教学能力建设的具体路径

通过前文对定向运动教师智能化教学能力的特点及影响因素的分析，我们明确了定向运动教师智能化教学能力发展的特性和定位。在此基础上，提出了定向运动教师智能化教学能力建设的具体路径。

根据定向运动教师智能化教学能力发展过程中的主体性和能动性水平，将定向运动教师智能化教学能力发展分为学习阶段、提高阶段和创新阶段。学习阶段是定向运动教师的模仿阶段，定向运动教师在参与培训、课题中得到较丰富的现代教育理念、教育技术导论、学习理论、智能化环境下的教与学、人工智能基础知识等。定向运动教师在实践中以模仿他人为主，关注日常教学中具体的智能化教学行为，集中于智能化教学技术的掌握，智能化教学系统设计的能力不足，不能系统考虑教学目标、学习对象、教学评价、教学内容、教学资源之间的相互关系，对技术的使用仅限于教学内容的呈现，应用方式简单，并且对智能化教学过程中产生的教学问题的关注度不够。定向运动教师在提高阶段逐渐过渡到技术与内容的融合。该阶段的定向运动教师已经意识到智能化教学能力的发展对自身教学有帮助，定向运动教师的主体性意识被唤醒，对智能设备的应用有了更清醒的认识，有

了自觉观看、利用线上资源和使用现代教育媒体的意识。定向运动教师开始关注智能化教学中产生的问题，并将其作为研究对象。有解决问题的愿景，但自己不能独立解决问题，主要依靠专家或前辈的引导和支持，具有迁移意识，但不能实现创新。随着智能化教学能力的不断提高，定向运动教师最终步入创新阶段。在创新阶段，定向运动教师敢于面对智能化教学中存在的问题，能够主动参与问题研究，大胆提出个人想法，积极寻求专业发展。步入创新阶段的定向运动教师具备了较好的智能化教学系统设计能力，能够系统、全面地分析和设计智能化教学中的关键要素，能够灵活地将技术创生为教学环境，以实现在智能化教学环境中最优化使用人工智能。定向运动教师智能化教学能力发展主要依靠职前培养、在职培训、自主学习和教学科研四个环节。

（一）职前培养

职前培养是师范生在师范院校系统地学习和掌握教育教学基础知识、学科专业知识、教育教学基本技能的关键时期，是定向运动教师教学能力形成和发展的基础阶段。职前培养的一个根本目的是为未来的定向运动教师提供足够的教学知识和技能，使其能够适应未来教育教学工作。由于时代的发展和定向运动教师观念的更新，目前师范院校已有的培养内容和方式可能不适应智能时代定向运动教师的需求。因此，师范院校在培养师范生时应该根据国家政策对培养内容和培养形式进行更新和补充，使得培养内容和形式与时俱进，适应社会需要。

职前培养的两个重要途径为智能教育理论课程学习和智能化教学实习。

第一，人工智能公共课和智能教育课程的学习。知识习得的丰富是定向运动教师教学能力发展的重要表现形式，也是定向运动教师能力发展的重要基础。知识是能力发展的必要条件。没有必备的智能化教学知识就不可能有高水平的智能化教学能力，知识对促进教学能力发展的作用是巨大的。掌握智能教育领域的各种知识，建立合理的知识结构，是职前教育的重要任务。智能化教学知识主要在普通教育课程和教育专业课程中进行讲授。普通教育课程即通识课程需要扩充或增加有关现代信息技术和人工智能技术的公共基础知识，帮助定向运动教师提升适应未来社会的交流与协作能力。教育专业课程是指为各专业学生开设的有关教育教学理论、方法、技巧等培养定向运动教师专业知识的课程。教育专业课程需要扩充有关人工智能与教育教学相结合的课程，如智能教育理论课程，使师范生知道如何在人工智能设备和环境中开展教育教学。智能教育理论课程是师范生了解智能教育思想和理论，掌握利用人工智能进行教学的技能，提高智能教育技术素质，成为具有适应智能时代从教能力的师范人才的重要课程。智能教育理论课程的学习重在为智能化教学能力的形成与发展提供必备的理论知识和思想基础。其中，智能化教学理论、方法、技巧等的学习对于智能化教学能力的发展具有方法性的作用，是定向运动教师进行有效智能化教学的方法保证。

第二，智能化教学实习。智能化教学知识只有投入实际运用才能促进师范生智能化教学能力的形成与发展。智能化教学能力的形成绝不是定向运动教师自身的潜在存在，也绝不是自然发展起来的，而是定向运动教师在不断学习智能化教学理论知识的基础上，通过长期实践提升自身智能化教学技能，才逐渐达到较高的水平。教学实习是联结职前教育与在职教育环节，理论与实践相互印证和知识与技能相互融合的关键阶段，是每一位尚在练习阶段的准定向运动教师在成长为正式定向运动教师之前的一段不可缺少的职前实践训练。因此，智能化教学实习是有效培养师范生提高智能化教学技能和发展智能化教学能力的课堂。智能化教学实习是师范生在专家和定向运动教师的指导下，将所学的智能化教学知识运用到教学实践，掌握智能化教学技能的一次职业训练，是为自身智能化教学能力的形成奠定良好基础的重要环节。教学实习的过程中，实习导师需要有一套有效的智能化教学训练体系，其目的是协助师范生逐渐适应并习惯智能化教学工作，充分发挥其在人工智能公共课和智能教育课程中获得的经验和知识，形成和拓展智能化教学能力。教育实习对智能化教学的实践包括课前准备、教学实施、实践反思。师范生在课前准备即教学设计时应明晰智能媒体辅助教学的目的、使用方式、使用时机等。在教学实施时应处理好定向运动教师、学生、教学内容和智能媒体之间的关系，充分调动学生的积极性和主动性。在实践反思时应落脚于学生的学习情况，发现智能化教学中存在的问题，努力拓展反思的深度和广度。

（二）在职培训

在职培训是指师范生进入定向运动教师岗位以后参与的学习活动，是有目的、有计划、有组织的在职定向运动教师的学习活动。职前教育相对于在职教育来说是短暂的、基础性的培养活动。随着定向运动教师在教育教学中实践经验的积累、社会的快速发展和科学技术的更新，学生在不断变化，课程内容也在发生变化，各个层次的定向运动教师都需要不断成长、不断吸收新的理论知识。通过在职培训，定向运动教师可以丰富教学知识，提高教学技能，促进教学能力的快速发展。因此，在职培训需要扩充与智能化教学相关的知识与技能。对在职定向运动教师进行相关智能技术教育化应用培训，是定向运动教师智能化教学能力阶段性促进的重要环节和路径。在职培训应从以下方面进行改革，以促进定向运动教师智能化教学能力发展。

第一，生成性的培训内容。由于智能时代的来临和教育智能化的发展，学校教育中发生变化的不仅仅是课程内容本身，定向运动教师也需要与时俱进地更新教育观念和教学方式。因此，在职定向运动教师的培训内容需要与时俱进地更新内容。由于人工智能是一个快速更新和发展的领域，新理论和新技术层出不穷，在职培训应该根据最新的教学理论对教学内容进行不断更新和重组，真正实现培训的高效和实用。

第二，多样化的培训形式。智能技术的发展也为多样的培训形式提供了现实条件，多样的培训形式可以满足不同定向运动教师的智能化教学能力发展的不同需求。年轻的定向运动教师可以相应地采用短期脱产专项培训的方式，而年长的定向运动教师培训就更适合专题讲座、资源论坛、教学论坛、教学沙龙、教学工作坊等形式。

第三，过程性的培训评价。在职培训应改变以终结性评价为主的评价方式，关注过程性评价，注重在职定向运动教师学习过程的记录和成长资料的积累，真正关照定向运动教师的个性化发展。

在科技创新不断推进、社会格局和产业格局发生变化的大背景下，在职培训是促进定向运动教师信息化教学能力发展的重要方式和渠道，学校应给予足够的重视与支持。世界各国的相关经验，是在国家层面或者学校层面，对于定向运动教师的相关能力培训给予时间保障和经费支持。此外，学校有责任引导、组织学科定向运动教师开展智能化教学的教学研讨、教学观摩，开展定向运动教师间的智能化协作教学，包括智能化教学集体备课、集体讨论、集体教学研究等，以增强培训中定向运动教师的合作性体验。智能时代意味着定向运动教师的发展不再是单打独斗，充分地协作与交流，有利于定向运动教师信息化教学能力发展的经验共享。学校既可以组织定向运动教师面向本校定向运动教师的信息化协作教学交流，也可以利用网络等方式，促进不同学校、不同地区，甚至不同国家的相关学科定向运动教师开展教学交流与对话。学校应有计划地安排定向运动教师参与相关的智能化教学能力发展项目培训，或者专门针对本校定向运动教师的实际情况，引进智能化教学领域专家，组织本校定向运动教师的校本培训。总之，通过培训提高定向运动教师对人工智能的认识，理解智能技术的革新对定向运动教师教学能力的挑战和新要求，掌握和提高应对挑战和要求的方法和策略，使定向运动教师更加深刻地理解提高智能化教学能力的必要性。

（三）自主学习

在教育"全球化、开放化、信息化"的时代，定向运动教师的教育教学单靠教学经验已经远远不够，学会学习和终身学习是智能化时代对定向运动教师的基本要求。在智能化社会中，定向运动教师应当首先成为终身学习者。定向运动教师是学习者，为了专业发展而不断持续地主动学习，从学习中获得知识、方法，通过学习提升自身素质。智能化社会中定向运动教师的持续发展依靠的是定向运动教师对智能化教学能力的获得与提升。而定向运动教师智能化教学知识与能力的获得与提高，主要靠的就是自主学习。正如《教育——财富蕴藏其中》报告指出的：教育越来越成为学习，教育就是学习。定向运动教师的自主学习对智能化教学能力的发展尤为重要。定向运动教师通过自主学习，可以获取和整合智能化教学知识，并把智能化教学知识资源转化为智能化教学能力，在智能化教学中获取和保持持续竞争优势。在定向运动教师的职业生涯中，学习和工作是不能截然分开的，工作过程就是学习过程，"工作学习化，学习工作化"已成为一种新的学习理念。

定向运动教师的自主学习是指定向运动教师以学习者的角色，根据自身工作特点自主地进行有目的、有计划的学习，包括定向运动教师制订自己的学习计划、选择自己的学习方法、监控自己的学习过程、评价自己的学习结果等。正因为定向运动教师自主学习具有个性化、主动性、独立性和创造性的特点，使得其成为定向运动教师智能化教学个人风格的必要环节。通过自主学习发展定向运动教师智能化教学能力主要包括以下形式和方法。

第一，从书本上学习。借助书本进行理论学习。读书的过程是与智者交流的过程，是与大师对话的过程。随着智能时代的到来，科技的发展日新月异，定向运动教师必须不断在相关书本和论文的阅读过程中，正确认识、理解智能技术。在这一形式的学习中，定向运动教师要结合自身已有的智能化教学经验，将所学习的智能化教学理论知识通过理解后内化为自己的知识，把对新知识和理论的学习建立在相应的旧知识的基础上，使新的理论知识成为旧知识的延伸和拓展，从而完善智能化教学相关知识体系。

第二，在实践中学习。定向运动教师每天都在教育教学的实践中，但大多数定向运动教师缺乏对实践的总结、提炼、反思与修正的意识，所以无法成长和提高。定向运动教师个体在智能化教学实践中学习，将学习的相关理论知识应用于实践中，实现理论知识在实践中的增生与创新，从而发展自身的智能化教学实践智慧。只有定向运动教师在实践中始终抱有学习的态度，才能在实践中有意识地进行反思，从而不断提高自身的智能化教育教学能力。

第三，向同行和专家学习。定向运动教师专业发展的一个重要途径便是向同行学习。既可以向名师学习，也可以向一般老师学习；既可以向年长的教师学习，也可以向年轻的教师学习。"三人行，必有我师。"定向运动教师应善于向同伴学习，取人之长，补己之短。向同行学习主要采用"请进来"和"走出去"的方式。"请进来"是指通过做报告、讲座等形式请智能化教学相关专家和名师来校。"走出去"是指定向运动教师在出去培训、进修的过程中向同行和专家学习。

事实上，对定向运动教师而言，学习并非是纯粹的职业需求，而是一种生活方式。终身学习是 21 世纪定向运动教师的必然选择，也是新课程理念的必然要求。人工智能技术使得教育方式和手段飞速变革，在这个一日千里、知识不断更新换代的时代，如果定向运动教师故步自封，仍停留在自己的经验总结中，必然会面临知识枯竭的危机。在终身学习的视野里，学习不仅属于教育范畴，更属于生存范畴。

(四) 教学研究

近年来，对教学与科研关系的研究视角从高校定向运动教师逐渐转移到中小学定向运动教师身上。定向运动教师的教学研究素养是支撑定向运动教师专业发展必不可少的一个环节，教学研究是发展定向运动教师智能化教学能力的有效途径。教学研究是指以教育科学理论和学理性知识为武器，以教育教学中出现的问题和发生的现象为对象，以探索教育教学规律为目的的创造性、创新性认识活动。简言之，就是利用教学理论去研究和探索日常教学实践背后所反映的教学规律，用以解决新的问题和应用于新的情境。

一般来说，一位优秀的定向运动教师应具有积极的从教情意、合理的从教知识、过硬的从教技能、超常的从教能力、独特的从教智略●五大特质。在智能化的教育环境下，由于定向运动教师角色的转变，除了强调定向运动教师的"从教"特质外，还应通过提高定向运动教师的教学研究素养来促进定向运动教师对整个教育教学活动的深入理解。通过科研探究将课堂内容与科研方向紧密结合，教学过程与科研过程有机融合，将科研结果应用于课堂教学，充分发挥科研对教学的导向作用。

目前，我国定向运动教师的教学研究素养整体水平不高，呈现出以下状况。

第一，定向运动教师教学研究意识薄弱。很多定向运动教师认为教学研究是科研人员、高校定向运动教师的事情，并未把它作为自己份内的工作，没有认识到科研在促进自己专业发展、提升教学效率和解决实际教学问题等方面的积极作用。

第二，教育学科知识、学理性知识欠缺。大部分定向运动教师在处理日常教学活动中出现的问题时，往往靠经验或直觉进行解决，不能看到问题背后所反映的教学现象，缺乏对教育理论的感知力，无法深入分析和总结教学经验，找到教学规律。

第三，日常工作烦琐，制约了定向运动教师教学研究热情。中小学定向运动教师在教学过程中通常要花费大量的时间和精力在常规工作中，过重的重复劳动使得定向运动教师分身乏术，无法顾及教学研究，在一定程度上挫伤了一线定向运动教师进行教学研究的热情和积极性。

定向运动教师在智能化教学环境的滋养下，能够从原来课程的执行者、教学内容的讲授者转变为课程的开发者、教学的研究者，实现角色的华丽转身。为促进定向运动教师智能化教学能力的发展，必须提升定向运动教师对教学研究的重视程度。首先，定向运动教师要加强科研意识。在如今这个信息爆炸的时代，教育教学的观念、模式、方式等正在发生深刻的转变，定向运动教师必须满足当代社会对教育更高的要求，将教学实践活动与教学研究更加紧密地融合在一起，努力向集学习、研究和反思于一体的定向运动教师专业化

● 徐红,董泽芳.批判与超越:"专家型定向运动教师"概念再探析[J].教育科学,2011(1):61-66.

方向发展。从日常教学活动中发现问题、找到问题，利用新的技术和方式研究问题，最后将科学研究成果应用于教学中，形成一个良好发展的"生态圈"。其次，定向运动教师通过职前培养和在职培训，了解和掌握教育学科知识和智能教育思想和理论，利用智能化教学资源、网络在线学习平台等进行自主学习，提升对教育现象的理论敏感性。定向运动教师在教育研究中对课程内容、教学实践进行深入研究，不断反思现有教学组织形式、教学内容、教学管理等与人工智能技术之间的关系，从而获得促进智能化教学能力提升的生长空间。最后，现代人工智能技术应用于教育领域，将定向运动教师从繁杂的重复劳动中解放出来。反过来，定向运动教师在教学实践中将高层智能教学理念落地，并通过教育科研促进定向运动教师的教学实践从"汗水型"转向"智慧型"，从经验教学转向科学教学，考量各项"技术"对于进行有效教学是否能够真正发挥作用，而不是学校教学的"技术装饰"。新时代教学研究可以培养定向运动教师的批判性和独立性思想，使其能够在丰富的智能化教学资源库中选取适合本校实际教学情况的资源并用于教学，而不是在时代的洪流中"随波逐流"。

实践证明，先进的教学理念和智慧的教学行为都反映了教学研究成果对定向运动教师的影响。定向运动教师通过教学研究能够对当前智能化教学环境中出现的新问题和新现象进行探索，对新兴技术融入教学实践的适应性或排斥反应产生规律性、本质性的理解，改善教学方法和选择教学内容，将实践经验凝练为理性认识，发展智能化教学能力。不同定向运动教师针对本校教学实践开展教学研究，有助于他们成长为具有个性化、开放性、学理性的新时代"专家型"定向运动教师。

四、定向运动教师智能化教学能力发展的原则

智能化教学能力发展的原则是指定向运动教师智能化教学能力发展过程中定向运动教师行事的准则，包括职前培养与在职培训相结合、技术知识与实践应用相结合、自主学习与协作交流相结合。

(一)职前培养与在职培训相结合

定向运动教师智能化教学能力发展是一个系统的、动态的、开放的、多元的过程。职前定向运动教师主要以技术知识、技能的学习和模仿为主，虽然也有一些教学实践环节，如教学实习等，但总体上以教学知识和技能的获得为主。在职培训中也存在知识、技能的学习，但以教学知识和技能的应用实践为主。职前培训与在职培训都是定向运动教师智能化教学能力发展的重要促进环节，是智能化教学能力不同发展阶段的两个相联环节，不应将其割裂开来，而应将职前培训与在职培训紧密衔接。

　　世界各国对职前定向运动教师，也就是对未来定向运动教师的培养都很重视，是从定向运动教师能力源头入手的。我国职前定向运动教师智能化教学能力培养，应集中体现在现代教育技术公共课的开设方面，对内容体系进行规范。在职前教育的基础下，针对中小学在职定向运动教师智能化教学能力的具体状况，应采取不同的多元化培训策略。多元化的定向运动教师培训，主要体现为培训层次的多元化和培训形式的多元化。就培训层次而言，可以分别采取教学技术的扫盲与普及培训、技术知识的深化应用培训、知识技能的创造教学应用等方式。也可以重点针对智能化教学迁移、智能化教学融合、智能化教学交往、智能化教学评价、智能化协作教学等，开展有针对性的能力发展项目。尽量采用多元化的定向运动教师培训方式，包括院校培训、校本培训、短期培训、定向运动教师研修等。

（二）技术知识与实践应用相结合

　　职前定向运动教师主要通过系统学习的方式获得体系化的智能化教学知识，在职定向运动教师则主要通过在职培训、自主学习等方式获得零散的智能化教学知识。定向运动教师获得的教学技术知识、技能，要实现在其他信息化教学情境中的应用转变，尤其是在职定向运动教师的智能化教学实践，是智能化教学能力的重要体现。教学技术知识需要转变为教学应用能力，就需要重视定向运动教师的实践教学环节。定向运动教师的专业实践是围绕定向运动教师的教育教学工作而开展的一系列实践活动，通过这些实践，定向运动教师能够不断完善专业知识、丰富专业情感、提升教育教学效能，进而实现科学、高效的专业成长。职前定向运动教师可以在学习中体验模仿，通过积极参与教学实习，强化对技术知识的实践应用转化。

　　在职定向运动教师的教学实践，是将所学教学技术知识转化为实践应用的重要环节，也是技术知识得以及时转化的有效方式，集中体现在学科教学中，也体现在定向运动教师智能化协作教学中，如教学观摩、教学交流研讨等环节。定向运动教师智能化教学能力是定向运动教师在教育教学活动中逐步培养和发展起来的，并通过教育教学活动表现出来。因此，智能化教学知识通过教学实践应用，转化为定向运动教师的智能化教学能力。动态的教学实践应用又是对智能化教学知识的进一步丰富与完善，是技术知识的深化。定向运动教师要以教育实践为主，在不同的智能化教学情境中，实现智能化教学融合、智能化教学交往，在实践中反思、在反思中成长，最终实现定向运动教师智能化教学智慧的生成与创造。定向运动教师的智能化教学实践，绝非是简单的技术性教学实践，实践中有反思，反思中有生成。定向运动教师应积极在实践中探索、学习和成长。定向运动教师应勇于实践、勤于反思，用前沿理论指导实践，在实践中提高智能化教学能力，从而成为新时代的新型定向运动教师。

(三) 自主学习与协作学习相结合

定向运动教师的自主学习是必不可少的，这是促进定向运动教师智能化教学能力可持续发展的基础条件和动力源泉。在智能化社会，需要定向运动教师既具有自主学习的意识，也具备自主学习的能力，以满足社会发展变化和定向运动教师专业成长的需要。定向运动教师智能化教学能力发展的终身性、情境性特点决定了自主学习是定向运动教师成长的重要内驱力，自主学习贯穿定向运动教师专业发展的始终。然而，在当今时代背景下，尤其是在智能化的教学背景下，仅仅靠个人经验和单打独斗，许多问题无法得到有效解决，更需要团队中其他人的经验和智慧的支持，即需要开展定向运动教师间的协作学习。

定向运动教师的协作学习，需要交流对话、互相学习、共同提高。智能化社会中定向运动教师的协作学习，是一种过程，也是一种方式，更是一种能力。作为一名定向运动教师，要善于把自己融入团队中，通过教学观摩、教学研讨、协作交流、协作科研等形式向同伴学习，学习同伴先进的教学理念和成功的教学实践，有效共享集体的知识、经验与智慧。智能化社会的定向运动教师协作学习，既包括本校定向运动教师间的协作交流，更重要的是发展远距离的、虚拟的跨时空的对话交流。智能化社会中，强调定向运动教师采用协作学习的发展策略，体现了发展的时代性。

第三节　定向运动教师智能化教学能力建设策略

从整体上看，定向运动教师教学能力发展是一个系统工程，需要全社会的关注和努力，社会的发展是定向运动教师智能化教学的基础条件。定向运动教师智能化教学能力的发展有赖于政府、定向运动教师教育机构、学校及定向运动教师个人四者的系统努力和互相合作。

一、定向运动教师智能化教学能力建设的环境创设

政府教育部门、定向运动教师教育机构、定向运动教师任职学校和定向运动教师个人等，都应该是定向运动教师教学能力发展的参与者和执行者。智能化教学环境的建设需要政府教育部门、定向运动教师教育机构、定向运动教师任职学校和定向运动教师的通力协作。智能化教学环境的建设需要学校外部环境的支持和学校内部智能化教学环境的形成。

(一) 学校外部环境的创设

学校外部环境主要是指学校外部的文化氛围支持，主要包括技术发展的推动、国家政策的保障、定向运动教师教育改革的引导以及智能化教学专业发展共同体的成立。

1. 技术发展的推动

人类已经从工业时代步入了信息时代进而步入了智能时代，信息技术和智能技术不断影响和改变人们的工作、学习和生活方式。智能化社会中，学生获取教育信息资源的方式已明显多元化，定向运动教师不再是教学中唯一的知识信息来源。传统定向运动教师的教学能力已被互联网解构，传统定向运动教师教学能力受到挑战。教育的智能化是社会智能化的一部分，定向运动教师又是教育智能化的重要关键环节。事实证明，智能技术是无法代替定向运动教师工作的，但它对定向运动教师的能力提出了更高的要求。智能技术融入教育领域后，教学方式、学习方式、教育信息资源、教学环境以及人们的思维方式等都将发生巨大变化。人类从工业社会进入信息社会再到智能社会，技术使教学时空更加开放、教学内容呈现更加直观形象、教学资源更加统整、教学方式更加个性。智能化社会中的定向运动教师不仅仅是知识的传授者，更是学习资源的设计者和开发者、学生自主学习和合作学习的引导者、学习过程的促进者以及教育教学的研究者。智能化社会期待定向运动教师教学能力转型，即定向运动教师的教学能力发展需要从传统教学能力到信息化教学能力再到智能化教学能力。定向运动教师要适应智能化社会的发展与变化要求，则必须主动实现自身角色转型、提升自身的能力素质。也就是说，智能化社会中的定向运动教师，既要具有一定的智能素养，还要实现自身角色的转变，更要发展智能化教学能力。

在智能化社会中，定向运动教师的智能化教学能力更加彰显其发展的时代性。定向运动教师智能化教学能力的发展是一个动态的、持续不断完善的过程。一方面，智能化社会的发展推动了定向运动教师智能化教学能力的发展；另一方面，定向运动教师对于智能化教育的创新与推动促进了智能化社会中智能技术的不断改进与创造。智能化社会呼唤定向运动教师的智能化教学能力发展，同时智能化社会也为定向运动教师的智能化教学能力发展提供了基础条件。智能化社会中定向运动教师的能力，尤其是智能化教学能力发展，是时代赋予定向运动教师的责任与使命。智能化社会需要培养出具有创新精神和实践能力的智能化人才，定向运动教师则首先需要实现自身的智能化发展。因此，定向运动教师智能化教学能力发展，是智能时代对定向运动教师的能力要求，也是智能技术深入渗透教育的发展需要。

2. 国家政策的保障

完善的国家政策是保障定向运动教师智能化教学能力发展的宏观条件和动力。教育智能化是当今教育发展的潮流与趋势，世界各国都十分重视教育智能化的发展。随着时代的变化发展，对定向运动教师的相关能力要求在动态调整。

从国家政策保障的层面看定向运动教师智能化教学能力发展，首先应重视定向运动教师教育技术能力中相关定向运动教师信息化教学能力的明确要求，动态调整定向运动教师相关能力标准的范围。国家应对定向运动教师智能化教学能力建立相关的要求与标准，建立定向运动教师智能化教学能力体系与结构。建立统一的相关定向运动教师教育技术能力标准，既是对定向运动教师相应能力的规范，也是对定向运动教师相关能力发展项目的引导。其次要重视对定向运动教师相关能力的培训、考核与认证。定向运动教师资格制度的革新尤为重要，应充实和丰富定向运动教师教学能力考核的内容，并在定向运动教师资格认定过程中强调教学实践环节。此外，国家政策层面应该更加关注定向运动教师智能化教学能力发展的经费投入。经费投入影响定向运动教师发展的资源保障、定向运动教师教育的改革、定向运动教师的福利待遇等前提条件。马斯洛需求层次理论指出，人只有在解决生理的需要、安全的需要之后，才能发展更高层次的需要。政府提供的资金可以支持定向运动教师发展，使得定向运动教师的智能化教学能力发展得以顺利进行。定向运动教师智能化教学能力始终是现代教育变革的一部分，始终受到政府的相关教育政策和制度的影响。因此，政府在促进定向运动教师教学能力发展方面要加大支持力度，完善相关政策制度。

3. 定向运动教师教育改革的引导

定向运动教师教育对促进定向运动教师智能化教学能力发展的作用是巨大的。定向运动教师教育根据定向运动教师专业发展的不同阶段，分为定向运动教师的职前培养、入职教育和在职培训。

定向运动教师教育的改革关系到我国基础教育师资培养的制度、模式、方法、标准与课程设置等等。定向运动教师教育需要扩充"以培养和发展定向运动教师智能化教学能力"的教育目的。因此，定向运动教师教育必须在课程目标、课程体系、课程内容、教学方法和教学手段等方面进行大力改革，联系当前基础教育课程改革的实际和智能技术的发展，关注定向运动教师教学实际，从而促进定向运动教师教学能力发展。定向运动教师教育需要从以下方面进行革新。

第一，改革职前定向运动教师教育专业课程。首先，进一步加强教育理论课程体系改革，扩充智能化教学相关教育技术课程，更新师范生的知识体系。在课程内容中加入前沿教学案例、智能化教学案例，使其更贴合现代教育教学的实际和未来教育的发展趋势。其次，在职前培养过程中，改进和加强教学实践中的技术运用要求和教育技能训练方式，促进智能化教学知识和智能化教学技能相融合。在实践教学过程中，充分利用智能技术与手段，虚拟课堂的教学观摩、微格教学等形式开展活动，做到教学理论与教学实践相结合、课堂学习与技能训练相结合。

第二，改革在职定向运动教师继续教育课程。首先，转变定向运动教师继续教育观念，扩充"定向运动教师智能化教学能力发展"的教学目标。在职定向运动教师教育应坚持以定向运动教师教学能力发展为本，切实把握定向运动教师教学能力现状，根据定向运动教师自身需要开展定向运动教师培训工作。其次，适当选择定向运动教师继续教育模式和方法。由于每位定向运动教师智能化教学能力的发展需求不同，定向运动教师继续教育必须针对多元的培训对象选择多层次的培训目标、广泛的培训内容。

4. 智能化教学专业发展共同体的成立

定向运动教师智能化教学能力的建设也是一项非常复杂、充满矛盾和冲突的过程，就算智能化教学能力的提高是每位定向运动教师自己的需求，但单靠一个人的努力是很难实现的。众人拾柴火焰高，因此，应成立发展定向运动教师智能化教学能力的社会组织或机构——智能化教学专业发展共同体。此共同体能够有效支持定向运动教师进行智能化教学能力的发展。所谓定向运动教师专业发展共同体，是指把定向运动教师聚集在一起共同学习的组织机构。智能化教学专业发展共同体是对定向运动教师专业学习共同体的细化。智能化教学专业发展共同体的成员可以定期在虚拟网络中会面，对自身的智能化教学能力发展进行集中的、详细的探讨和交流。

智能化教学专业发展共同体可以通过三种途径实现对定向运动教师智能化教学能力发展的支持：第一，发展网络资源集成平台。其目的是提供资源获取平台，为定向运动教师提供一个与智能化教学相关的资源集中的窗口，这些资源可以是文本、图片、音频或视频等各种形式。可以通过以下方式为定向运动教师提供相关资源支持：以智能化教学资源为出发点整合现有资源，按各种主题分类存储资源并建立索引系统，维护和更新智能化教学资源。第二，建立定向运动教师网络交流和协作平台。随着网络技术和智能技术的发展，定向运动教师共同体可以跨越时空界限，在虚拟空间中进行教学交往，可以共同地、即时地解决在智能化教学过程中产生的新问题。这样，定向运动教师在遇到新问题时就不会孤立无援，能够找到解决问题的途径和方法。第三，搭建线上线下相结合的混合式学习平台。高度发达的互联网、人工智能技术、通信传播技术为定向运动教师智能化教学专业发展共同体提供了新的交流思路和发展模式。建设线上线下相结合的混合式学习平台，一方面可以使定向运动教师通过网络资源平台、网络交流平台多渠道、高交互地学习智能化教学相关的理论知识和多媒体工具、智能化教育机器的操作技巧。另一方面可以让定向运动教师在线下参加名师工作坊、研修社区、实验基地等活动，将线上学到的知识和技巧迁移到实际生活中，弥补线上学习无法进行实际操作的缺陷，实现从思想层面到操作层面的升华。

网络资源集成平台、定向运动教师交流协作平台和线上线下相结合的混合式学习平台是智能化教学专业学习共同体的教学行为的示范平台、教学知识的创造平台、定向运动教师教育者与新老定向运动教师专业发展的交流平台。它们能给职前定向运动教师和刚走上教学岗位的新定向运动教师提供支持，创造一种新的环境，能让新定向运动教师与经验丰富的定向运动教师合作，参与定向运动教师智能化教学能力的实践，也能让在职多年的定向运动教师的教学能力上有新的突破。

（二）学校智能化教学内部环境的创设

学校智能化教学内部环境的建设包括学校相关领导认识上的提升和学校智能化教育系统的建设两方面内容。

1. 学校相关领导认识上的提升

学校是定向运动教师智能化教育教学活动的场所，是定向运动教师智能化教学能力发挥的平台。促进定向运动教师智能化教学能力发展的所有外部条件中，学校是最直接的促进因素。在学校组织中，学校领导又起着关键和决定性作用。学校领导影响定向运动教师在教育教学决策中的自主权。学校领导是指一个由校长为核心的具有凝聚力的领导团队，具体包括校长、书记、副校长、工会主席等。学校领导是学校的核心领导力量，对于学校发展规划、学校变革等各方面有驾驭和领导责任。学校领导和定向运动教师存在领导与被领导的关系，其制定出的学校决策直接影响定向运动教师的专业发展。此前，许多国家在信息技术教学应用培训时，除了培养学科定向运动教师的信息化教学能力以外，往往将校长和相关的负责人也纳入培训的对象中。学校领导的决策与行为在很大程度上决定定向运动教师对智能化教学能力发展的看法及定向运动教师对教学改革的投入程度。学校领导对于定向运动教师的智能化教学能力的发展促进策略，集中体现在以下三个方面。

第一，学校领导对定向运动教师智能化教学能力的认可。只有学校领导认识到定向运动教师智能化教学能力对智能化教育教学的重要性，认可定向运动教师智能化教学能力，才能在学校形成智能化教学能力发展的氛围，才有利于促进定向运动教师智能化教学能力的发展。

第二，学校领导对定向运动教师智能化教学能力发展的支持。定向运动教师智能化教学能力的提高需要时间，一些定向运动教师一开始难以适应教学改革的需要，出现困难，是很正常和自然的事情。定向运动教师的智能化教学能力发展过程不是一个按部就班的过程，而是一个开放的、民主的探索过程。因此，学校领导在制定定向运动教师智能化教学能力发展规划时应充分考虑能力发展的一般特点，为定向运动教师创设一个充满信任的、允许试错的教学改革环境。

第三，学校领导对定向运动教师智能化教学能力发展的指导。定向运动教师智能化教学能力的发展需要来自学校层面的理解、支持、引导、帮助，既包括学校领导给予定向运动教师的精神鼓励，也包括必要时的物质激励手段。学校领导不仅是学校的最高管理者，也是学校的教育教学研究带头人，学校领导应成为定向运动教师智能化教学能力发展的引领者和指导者。学校领导要帮助定向运动教师运用新理论、新经验，引导定向运动教师完善符合教学新发展的教学行为，为定向运动教师的智能化教学能力发展提出建议，帮助学校定向运动教师形成多元化的智能化教学风格与特色。

2. 学校智能化教育系统的建设

定向运动教师智能化教学能力的发展，需要在一定的智能化教学情境和环境中实现。因此，学校相应的智能化教学基础设施建设，教育智能化资源的设计、开发与准备是必不可少的。学校智能化教育系统的建设主要包括智能化学习资源库的建立、虚拟现实教学环境的创设、教育机器人的投入。

第一，智能化学习资源库的建立。以科学分析数据为基础的大数据是智能化学习资源库的基础。智能化教学资源是指经过数字化处理，可以在多媒体计算机上或网络环境中运行的多媒体材料，包括数字视频、数字音频、多媒体软件等。智能化资源能够激发学生通过自主、合作、创造的方式来查找和处理信息，从而使智能化学习成为可能。智能化教学资源库，是指为满足不同定向运动教师和学生教与学需求，将各种海量的智能化教学资源分门别类地收集起来并进行内容聚合而形成的资源汇集。智能化学习资源库通过网络平台为师生提供数字资源及相关辅助手段的数字化服务，以支持师生完成资源查找、整理和应用等教育相关活动。大量的优秀教学资源，可为定向运动教师完成教学设计和教学实施提供丰富、优质的教学素材，避免大量重复性劳动，同时也为学生利用资源库获取信息、主动学习提供了条件，为实现智能化教育提供了有效的支持。

第二，虚拟现实教学环境的创设。虚拟现实是智能时代的一大特色。虚拟现实是指利用传感器和眼球追踪技术及各类算法生成模拟环境，通过调动人体所有感官，实现人机交互，使人身临其境地与虚拟世界互动。虚拟现实教学环境改变了过去学生与计算机之间枯燥、生硬的交流方式，使交互变得更加具有现实性和体验感。虚拟现实教学环境有三个主要特征：沉浸性、交互性和想象性。沉浸性是指学生在其中具有临场感，即使学生感受到自己作为主角真实存在于虚拟环境中。交互性指的是学生借助专用的三维交互设备（如立体眼镜、数据手套、三维空间交互球、位置跟踪器等传感设备）与虚拟环境之间以自然的方式进行交互。想象性是指在虚拟环境中，学生可以根据获取的多种信息和自身在系统中的行为，通过联想、推理和逻辑判断等思维过程，随着虚拟现实系统的运行状态变化对其未来发展进行想象。虚拟现实教学环境的创设改变了定向运动教师教育教学的工作方式和学生的学习方式。

第三，教育机器人的投入。教育机器人是面向教育领域专门研发的以培养学生分析能力、创造能力和实践能力为目的的机器人，具有教学适用性、开放性、可扩展性和友好的人机交互性等特点。机器人教育的主要目的是培养学生在实践、创造以及分析方面的能力。教育机器人是教育教学中具有自制能力的机器，以语音识别等技术为核心，根据实际环境，运用自身感知能力在教学过程中与学生进行互动，从而缓解定向运动教师工作负担、提高教学效果。教育机器人的设计目的之一就是辅助学生学习，提高学生的学习效率，激发学生的学习动力。教育机器人内嵌控制机器人的控制程序、教学资源、课程课本等，配备各种传感器、扬声器和运动装置等模块，还利用了仿生技术、人工神经网络等拟人技术，能够与学生自然交流，是一种操作简单、互动性强的学习工具。

第四，智能学习测评的运用。智能学习测评是指利用智能机器运用科学合理的方法对学生的学习过程与结果进行量化，用直观的数据来表示学生在测试项目特质上的发展水平。智能学习测评的流程分为智能化命题、智能化作答和智能化评价三部分：学生通过智能系统客户端获取题目和任务，将题目答案、任务结果等输入机器，系统自动或半自动对提交的答案或结果进行分析和评价，并将学生成绩和分析结果进行整理，反馈给定向运动教师。智能化测评能够针对性地帮助教育工作者科学、及时、高效地掌握学生的学习情况。智能学习测评能够具体分析每一个学生个体，并根据他们的能力水平、学习进程、学习路径等，给出个性化的测评内容和发展意见。因此，智能学习测评能够将个性化评估和全面性评估相结合，为不同学生提供全面而又个性化的发展建议，使得差异性评价成为可能。

第五，智能教研助理的使用。智能教研助理是指辅助定向运动教师开展教育教学研究的智能机器和系统。智能教研助理将定向运动教师的备课记录、听课记录、评课记录、教学成绩和授课评价等汇集整合起来，运用智能系统中的解释框架进行有效分析，诊断定向运动教师教学过程中可能存在的问题，生成针对每个定向运动教师的教学成长分析图。传统的定向运动教师教学研究过程是借助定向运动教师自身经验或同行和专家的理论经验和实践经验进行教育教学研究，这一过程中避免不了主观性的判断和研究。而智能教研助理站在客观的立场上，帮助定向运动教师发现教学中的隐性问题，根据问题科学地分析成因，为定向运动教师提供参考性的解决方案，从而使得每个定向运动教师更加富有个性并全面发展。

第六，校园智慧管理的建设。校园智慧管理是指在人工智能技术的支持下，智能机器和系统为学校提供教育教学资源、集成教育教学数据、管理教育教学数据、监控教育教学过程，从而使得学校管理事务和决策更科学、更准确。校园智慧管理事务主要有以下功能：其一，深度集成教育教学数据，支持教育决策将人工智能中的大数据分析和深度学习技术运用于校园智慧管理中，在采集、分析和储存数据的基础上，帮助学校管理层做出更快捷、更高效的科学决策。其二，即时而精准地监控教育教学，利用智能机器和系统对各层次的教育教学过程进行动态监管，从而做到即时而精准地预警。其三，动态化管理学校事务，校园智慧管理系统针对教育活动的各种实时信息进行自动化处理，即时将相关结论反馈给学校管理层，避免传统教育管理的疏失和低效。

二、定向运动教师智能化教学能力建设的驱动

定向运动教师智能化教学能力的发展，外部因素是条件，内部因素是根本。定向运动教师智能化教学能力发展的最终内驱力，来自于定向运动教师本身。因此，定向运动教师智能化教学能力的自信心、正确的态度、知识的储备等，都是定向运动教师智能化教学能力发展的直接内部促进力量。定向运动教师智能化教学能力是在情意的基础上通过智能化教学知识技能的学习、模仿和智能化教学实践的迁移得以提升。

（一）定向运动教师掌握智能化教学的知识

智能技术要想在教育教学中发挥作用，首先要改变定向运动教师对人工智能的认识和态度，进而改变传统的教学观念、思想和模式。智能化社会中定向运动教师的专业发展，要求定向运动教师智能化教学能力的理性提升。从外部看，不同的智能技术不同程度地促进定向运动教师的专业发展。从内部看，智能技术已不仅仅是定向运动教师专业发展知识结构的一部分，而已经渗透在定向运动教师专业发展智能结构的各个方面，并且体现定向运动教师对教育技术理论内容的掌握程度和教育技术媒体使用的熟练程度。定向运动教师结合已有知识和教学经验，建构面向实践的智能化教育技术知识图式和富有认知灵活性的智能化教育技术技能。只有在掌握智能化教学知识的基础上，才能结合实际应用情境理解各种智能教育技术及其实际应用过程，逐步形成具有广泛迁移价值的、灵活变通的智能化教学技能，以便有效应对未来复杂的教学情境和多样化的学生需求。

（二）定向运动教师对待智能化教学的情意

定向运动教师对使用人工智能进行教育教学的情绪、态度和意志是影响定向运动教师智能化教学能力的主要因素。情绪、态度主要是指定向运动教师对使用人工智能进行教育教学的信心。意志是指定向运动教师形成普遍利用智能化教学的思维模式、观念与意志。定向运动教师智能化教学知识体系和能力素质的发展，是基于定向运动教师智能化教学情意的，这种情意是促进定向运动教师生成态度和自信心的直接因素。只有定向运动教师本人愿意，并在智能化教学能力发展方面有信心，其能力才有可能得以发展。情意是影响技

术应用于教育教学的首要问题，是教育智能化能力发展的重要动力系统。没有这个方面的
"意识"，即使掌握再多的知识和再好的技术，也很难把人工智能技术切实地应用于教学
中。良好的情意能提高定向运动教师对智能技术的认识和应用程度。定向运动教师要具有
不断学习新知识和新技术以完善自身素质结构的意识与态度，并且具有以掌握智能技术为
目的，进行终身学习实现专业发展与个人发展的意识。这样的意识既是智能化教学能力建
设的原动力，也是反思和持续发展的长期动力。

三、定向运动教师智能化教学核心能力建设的具体策略

智能化教学过程是复杂的，支撑完成智能技术运用过程的定向运动教师教学技能也是
复杂的。因此，需要将其分解为各个要素，对分解后的要素进行分析，阐明操作要点。这
是智能化教学技能形成的关键，是定向运动教师掌握智能化教学技能并自觉进行训练的前
提。定向运动教师智能化教学理念与动机的建设和定向运动教师教学提升与创新在前文中
已讨论，此处主要从定向运动教师的外显能力，即教学设计与课程开发能力、教学组织与
实施能力两个方面讨论建设策略。

（一）教学设计与课程开发能力建设及策略

教学设计与课程开发既具有理论性，又具有实践性。因此，掌握教学设计与课程开发
的理论和方法是提高定向运动教师的理论素养、实施能力的强有力工具，是进行智能化教
学的核心能力。在进行智能化教学的过程中，定向运动教师必须运用教学设计的理论来指
导教学实践，探索新型教学模式。定向运动教师教学设计能力的形成应聚焦在以下几个方
面：其一，学习掌握教学设计的最基本理论。从设计的观念与方向上，强调运用现代教育
观念，强调充分发挥学习者的主动性和创新精神，一切教学的安排都应从学习者的需求与
特点出发，改变以往只注重"教"而忽视"学"，造成学习者被动接受、缺乏原创精神的现
象。其二，掌握智能化教学设计的方法。强调运用系统观和整合的思想，对教学过程中的
各个要素进行全面的分析与研究，对各个要素间的关系进行协调的、整体的把握。同时，
强调设计中的问题解决策略，强调设计的创造性与灵活性。其三，学习方法设计上强调探
究式学习、参与式学习、体验式学习与智能技术相结合。其四，在教学设计的学习及能力
的培养上，关注智能化教学能力发展。观摩同行的优秀案例，分析特点，根据一定的学习
内容或学习主题完成自己的教学设计，并和其他教师一起分享设计成果，得到反馈信息后
修改完善自己的设计方案。

课程开发是一项任务庞杂的复杂工程，它包括对传统学科体系和知识体系内容的革
新、对现有课程中传递的知识和技能进行二次开发以及基于国家政策、地区特色或校园文

化开发的区域性特色地方课程和校本文化课程等。因此，定向运动教师的课程开发能力需要具备创新性、实践性、协作性等特征。在智能化教学环境中，定向运动教师卓越的课程开发能力体现在两个方面：其一，拥有良好的现代信息科技素养。定向运动教师的现代信息科技素养可以使定向运动教师在开发课程时较容易地将现有新兴技术与学科知识进行融合，能够更好地为传授知识、高效教学服务。其二，展现超高的资源整合能力。在开发课程时，无论是对原有课程内容的革新，还是创造新的特色课程或校本文化课程，都需要全面系统地进行资源搜集、选择和整合，为一门新课程的开发打下坚实的基础。定向运动教师具有良好的资源整合能力，能够有目的地、专业地、创新性地选择和整合新课程所需要的各种形式的资源。

（二）教学组织与实施能力建设策略

智能化教学组织能力是指在智能化教学环境中，将那些不连续的、新型的教学方法、教学资源有计划、有秩序地整合起来，实现教学目标的能力。智能化教学实施能力是指定向运动教师在教学设计的基础上，实现教学设计方案的能力，能运用有关的智能技术工具和资源营造有利于学生发展的学习环境，能在不同的教学模式和不同的教学环节中熟练运用的智能工具和资源。在教学实施过程中着重强调把握出示教学材料的恰当时机。定向运动教师根据具体的教学内容，在恰当的时机使用恰当的教学媒体，也就是要找到课堂上教学内容最需要智能媒体演示的时机。教学媒体的运用与教学内容密切相关，这一问题虽然在教学设计的时候就需要考虑什么内容用什么媒体，但在教学过程中强调定向运动教师需要用一定的技能支持媒体。智能技术下的教学实施技能强调各个学科的相互整合、强调问题解决、强调学校教学与社会的连续性、强调培养学习者的生存能力和创造性。因此，智能化教学实施技能不仅包括讲解技能和答疑技能，还包括重视适合于网络环境下的问题学习和合作学习等现代学习方式，涉及定向运动教师情境创设的能力、内容与方法链接的能力、重视学习过程评价的综合评价能力、促进学习者作为主体进行自主性学习的能力等。

除上述内容外，智能化教学能力的发展要遵循以下基本原则：第一，最小代价原则：在设计和选择人工智能技术时，要根据能得到的效能和需要付出的代价来做决定，力求做到以最小的代价得到最大的收获。第二，多重感官刺激原则：设计和选择智能技术，应注意从不同角度、侧面来表现事物的本质特征。让所讲对象在不同的时间、地点、条件下，针对学生的不同感官采用不同的形式，表现同一内容。第三，建构支架原则：根据建构主义学习理论，设计和选择以人工智能技术所传递的知识和经验，与学生已有的经验必须有若干相关联的地方，以便为学生搭建起学习知识的支架。第四，抽象层次原则：设计和选择的人工智能技术提供信息的具体和抽象程度，要根据学生的实际情况（年龄、认知水平、学习能力等），分为不同等级和层次。例如，小学教育不仅要适应小学生的思维发展现状，还要促进小学生的一般发展；中学教育的内容理论性和抽象性要增强，在教育过程中要更多地尊重学生的自主性。由于学生在基础教育的各个阶段的发展水平与学习方式等具有一定的阶段性和差异性，各个阶段的教育重点也不一样，因此，在每个阶段定向运动教师促进学生智能化学习的要求有所差异，进而每个学段定向运动教师的智能化教学能力发展方向也有所差异。

由于"第四次工业革命"来临，未来 10 年，教育的变革与发展将可能会超过以往几百年教育所经历的改变，教育将是一个人文性与科技性相融合的领域。中小学定向运动教师在面临这种情况时，如果仍然处于"课程接受者""教学实行者"的状态，单纯进行"输入"的学习，仅单线发展教学专业能力，就会被时代淘汰。希望本书所构建的定向运动教师智能化教学能力标准体系、内容体系以及所提出的建设路径和策略，能够在一定程度上帮助中小学定向运动教师在当今时代促进自己的专业能力具体化、多元化复合发展，成为响应时代召唤的创新型、超水准的专业定向运动教师。

第八章 互联网视域下高校定向运动教师信息化教学能力理论与提升策略研究

随着互联网信息化时代的到来，教育教学也在逐步应用信息化教学的模式。定向运动教师信息化教学的能力对学生课堂质量和院校竞争力的提高都具有非常重大的推动作用。本章对互联网视域下高校定向运动教师教学能力变革趋向、教师信息化教学能力结构框架、信息化教学能力提升策略进行了深入研究。

第一节 互联网视域下定向运动教师教学能力的变革趋向

数字经济时代，人类的社会生存与认知方式都在发生改变，适应信息社会特征的"数字智慧"成为人们生存的新技能。这种数字智慧凸显出信息社会要求人类思维方式发生转变，直接指向了互联网视域下定向运动教师教学人们应用技术的能力，以及借助技术实现超越自身天赋的能力。

这种数字智慧也对教师的教学提出了更高的能力要求，互联网视域下定向运动教师教学的教师要学会应用信息技术促进教学变革。这种变革要求教师要从身份感知、教学理念、教学方式和活动交往上都做出创造性的改变，从知识的传授者变成知识的引导者与组织者，从课程的执行者变成课程的开发者，从以教材为主的教书匠变成教育的研究创新者，从知识的固守者变成终身学习者❶。

这种教学能力直接指向了如何利用信息技术更加有效地重组与创造资源，为学习者提供更加个性化、更具灵活性的教学。互联网视域下定向运动教师教学能力同传统教师教学能力相比，重要的变革维度就是教师要思考如何应用信息技术使教学变得更加有效的能力❷。

---

❶ 杨宗凯.创新模式培养数字化教师[N].中国教育报,2011-05-26(11).
❷ 葛文双,韩锡斌.互联网视域下定向运动教师教学教师教学能力的标准框架[J].现代远程教育研究,2017(1):59-67.

一、基于"教育+信息技术"思维方式下的能力要素扩充

从技术支持教学的视角看，教师首先面临的是在数字化环境下如何开展教学的问题，这要求教师在数字化或网络化环境下具备在线学习技术应用能力，在课程教学设计、资源开发、教学管理和教学交互活动等方面展现出更多的能力，这种能力要素的扩充指向了信息技术能力和信息技术应用能力两个方面。信息技术能力是教师要掌握数字化技术工具的本体性知识，而信息技术应用能力是技术与课程教学整合的教学技能，需要教师具备一种在具体课程中有效整合技术的框架，以使技术性知识纳入课程内容与教学方法之中。2008年，Koehler 等❶ 和 Harris 等❷ 提出的技术、学科内容和教学方法整合的 TPACK（Technological Pedagogical Content Knowledge，整合技术的学科教学知识）框架，为教师应用技术促进教学各种改变提供了可能。在教师 TPACK 整合能力发展的进程中，一般有两种方式：一种是教师掌握技术工具应用，而后在自己的课程教学中思考技术有效整合的实践方式；另一种是教师在专业发展中学习其他教师有效的技术整合于教学的方法或经验，而后在自己课程教学实践中不断尝试并形成一种有效的实践模式。

二、基于"互联网+教育"思维方式下的能力要素重组

回顾过去近二十年信息技术促进教学变革的实践之路可以发现，单纯技术工具论指导下教师教学能力的发展对于提升教学质量非常有限，"教育+信息技术"的思维范式存在狭隘的学科局限，这就需要我们思考用一种新的思维范式来构建有效的教师教学能力发展体系❸。

而"互联网+教育"打破了这种单一学科局限，为教学方式带来了多种可能，教学逐渐呈现出多元化的特征，诸如个性化学习、数据融合、翻转课堂、教育大数据、开放在线教育、适应性学习、教育公平、业务协同、智慧服务等，使得信息技术与教学需要深度地融合，而教师教学能力要素也不再是技术工具能力与技术应用整合能力的简单叠加，而是一种以适应信息社会发展为前提的技术融入式的能力重组。这种能力重组直接指向了与知识创造相关的批判性思考、问题解决、创造性思考、独立学习能力、团队合作与灵活性、知识管理与数字化技能等。

而发展这种重组性的教学能力，需要我们基于真实教学问题去研究、反思有效教学的实践性知识体系，需要为教师提供能够定义、设计和不断修正教学问题甚至解决问题的方案，这将是未来教师数字化教学能力发展研究的关键问题。

---

❶ Koehler M J,Mishra P. Introducing TPACK[M]. HERRING M C,KOEHLER M J,MISHRA P. Handbook of technological pedagogical content knowledge (TPACK) for educators. New York:Routledge,2008:3-29.

❷ Harris J,Hofer M. Instructional planning activity types as vehicles for currculum-based TPACK development[J]. Research highlights in technology and teacher education,2009:99-108.

❸ 葛文双,韩锡斌. 数字时代教师教学能力的标准框架[J]. 现代远程教育研究,2017(1):59-67.

第二节　互联网视域下高校定向运动教师信息化教学能力结构框架

从上述分析中可以发现，教师教学能力已经成为教师发展研究的关键内容，特别是随着"互联网+数字"时代的来临，基于数字化学习与工作视角的教师教学能力研究显得更具价值。

一、互联网视域下定向运动教师教学工作方式的转变

在互联网视域下，我们被信息技术包围，甚至可以说是沉浸于技术中。从社会发展的视角来看，技术变革的趋势并没有显露出任何下降或衰减的信号。技术正在促使经济社会发生改变，比如我们的交流沟通方式，甚至社会生活方式，而且这些正在显著影响教育系统的改变。我们的教育机构正在进入一个全新的时代，跨越工业时代，面向互联网视域，定向运动教师教学来组织与构建新的知识体系的发展方式。我们的教师和教育者正在面临一系列的挑战：如何确保通过课程和项目培养的学生能够适应未来社会的发展需要？面对越来越现实和追求真实能力的培养目标，如何确保我们的教学依然有效？面对人们思考和工作方式的改变，如何从传统教学向符合时代特征的信息化教学转变？这些都是我们需要面对的关键问题。

经济合作与发展组织（OECD）在2022年6月发布了《OECD技能展望2022》，提出现代社会对工作者的知识要求越来越高，越来越多的行业将更需要头脑知识型的工作者，对于体力工作者的需要越来越少。数字信息社会对知识工作者的需要越来越多，并且对他们的技能与能力提出了更高的要求。比如，未来他们的工作将更加灵活，可能基于更加松散的社会或公司组织开展工作；未来他们可能需要具备更加复杂、综合的解决性思维，才能够更好地应用各种技术工作；未来学习将成为工作的一部分，各种与工作相关的非正式学习将无缝融入工作中，因此数字化的学习方式与素养能力成为他们的重要生存手段，可能会在不同的地点基于互联网开展协同办公，更加高效地解决问题。

从上述这些情况中我们可以看出，工作者的技能需求正在面临前所未有的改变。想让学生更好地适应未来工作的改变，我们需要从教学方式、方法和范式上做出根本性的变革。知识一般包括两个非常相关但又完全不同的要素：内容与技能。内容本质上是一些基本事实、概念、原则、证据或是对于过程与程序的描述。大多数高校教师对专业知识内容掌握得非常好，具有相当精深的理解，对于这些内容的教授也非常擅长。然而，随着社会

对于知识结构需求的变革，实际解决问题的技能变得更加重要，而这些技能往往是高校教师在其课程讲授过程中所不能直接授予学生的，由此就产生了新的问题：实际解决问题的技能不是通过传统知识内容讲授所能获取的，往往需要新型的教学方式和学习方法来习得，而这种技能往往更多表现为数字信息社会的思维习惯、方式与方法。这些对教师课程教学能力提出了更新的要求。

二、互联网视域下定向运动教师教学高校教师信息化教学能力的结构框架构建

互联网视域下人们所需的关键技能与技能发展，成为当前教育教学改革要直面的关键问题。世界各国政府的教育部门都在致力于人才培养目标的革新，面向 21 世纪技能与核心素养的人才目标教育战略已经成为当前的重中之重。Fallow 和 Steven 在 2000 年就指出人才技能发展需要在定向运动教师的教学中予以关注，具体表现在：要关注知识内容的清晰呈现，促使学习内容具有进阶性，让学习者在实践中获取真知，定向运动教师要提供有效且即时的教学反馈，并且要高度关注新技术带来的教学方法和方式的创新[1]。

因此，构建与信息社会发展相适应的信息化教学模式，并且能够为高校定向运动教师提供有效的信息化教学能力发展的结构框架，为实现人才培养战略方式的转变做出实践性的贡献，成为本书研究的立足基础和出发点。

笔者在分析已有研究的基础上，在 2017 年率先提出了互联网视域下定向运动教师信息化教学能力的结构框架[2]，大意为：高校定向运动教师应用信息技术有效组织教学将成为互联网视域下定向运动教师教学的常态，定向运动教师在数字化环境下开展教学的目标将直接指向学习者终身发展的自主学习能力、问题解决能力、批判性思考和创造性工作的能力，这样定向运动教师教学追求的将是面向数字化环境下不同问题情境的有效教学实践过程。高校定向运动教师的信息化教学能力结构可以分解为四个维度，分别为信息技术融入教学的意识、信息技术融入教学的素养、信息技术融入教学的能力和信息技术融入教学的研究。从定向运动教师专业发展的阶段来看，定向运动教师的信息化发展随着教学应用的不断深入，可以划分为应用、深化和创新等由低到高的三个不同阶段，这一过程也体现了信息技术与课程教学相融合的这一变化过程，从量变到质变，促使互联网视域下定向运动教师教学教与学范式的真正转变。

(一)定向运动教师信息化教学能力结构的四个维度

定向运动教师应用信息技术有效组织教学将成为互联网视域下定向运动教师教学的常

---

[1] Fallow S, Stevens C. Integrating key skills in higher education：employ ability，transferable skills and learning for life[M]. London：Kogan Page，2000：4-8.

[2] 葛文双,韩锡斌.数字时代教师教学能力的标准框架[J].现代远程教育研究,2017(1)：59-67.

态，教师在数字化环境下开展教学的目标将直接指向学习者终身发展的自主学习能力、问题解决能力、批判性思考和创造性工作的能力，这样定向运动教师教学的追求将是一种面向数字化环境下不同问题情境的有效教学实践过程。基于此，笔者提出互联网视域下定向运动教师教学高校教师信息化教学能力的结构框架❶，如图 8-1 所示。

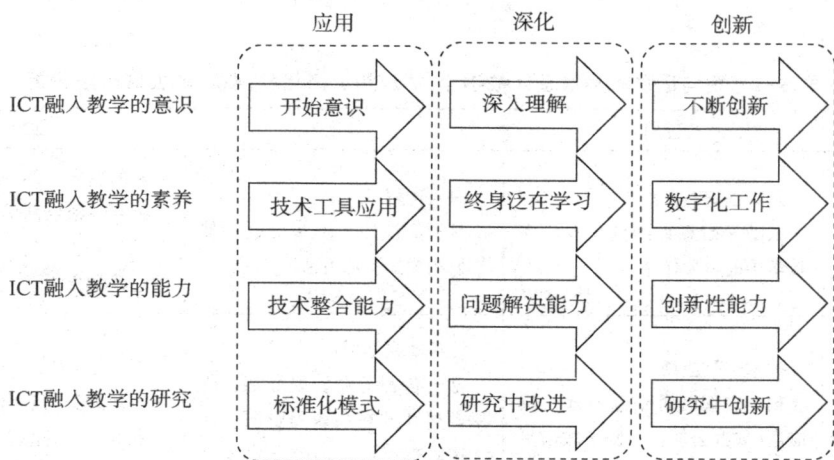

图 8-1　互联网视域下定向运动教师教学高校教师信息化教学能力的结构框架

从不同内容维度来看，高校教师要具备 ICT 融入教学的意识、ICT 融入教学的素养、ICT 融入教学的能力和 ICT 融入教学的研究。

（1）ICT 融入教学的意识：教师信息化教学应用意识，对政策导向和教学能力标准具有敏锐的感知力。

（2）ICT 融入教学的素养：教师从单纯学科技术、资源开发、网络教学平台等教学技术工具扩展到应用各种轻巧的智能终端，实现"时时、事事、人人、处处"的终身泛在学习，最后嵌入学习、工作和日常生活环境中，形成数字化工作与学习的典范。

（3）ICT 融入教学的能力：在技术与课程教学整合应用能力基础上，形成以问题解决为主的技术与课程教学融合应用能力，最后基于教育系统思考创新技术支持课程教学的模式、方法和策略。

（4）ICT 融入教学的研究：对信息技术融入课程教学的分析、设计、开发、实施和评价等全过程开展精细化研究分析，对数字化环境下教师教学实践性知识发展的有效程度进行证伪，科学有效地创新各种教学模式、方法与策略。

（二）高校定向运动教师信息化教学能力的发展阶段

从定向运动教师专业发展进程维度来看，高校定向运动教师 ICT 融入教学的过程是阶

---

❶　葛文双,韩锡斌.数字时代教师教学能力的标准框架[J].现代远程教育研究,2017(1):59-67.

段性的，体现了定向运动教师信息化教学能力的发展变化，因此，结合前期分析标准特点，我们按照定向运动教师从开始意识到信息技术在教学中的重要作用，到定向运动教师领悟和理解深层的内涵，再到具备创新变革教育教学模式的思想与方法，将高校定向运动教师信息化教学能力的发展划分为应用、深化和创新三个连续的阶段❶，具体过程如表 8-1 所示。

表 8-1　定向运动教师信息化教学能力"应用、深化和创新"的发展阶段分析

项目	应用	深化	创新
ICT 融入教学的意识	开始意识：教师开始意识到信息技术在教学中的重要作用	深入理解：教师能够深入理解信息化教学的相关知识和方法	不断创新：教师不断创新信息化教学的模式与方法，具备教学变革性的思路和方法
ICT 融入教学的素养	技术工具应用：初步掌握各种信息技术工具应用(如办公软件、网络教学平台、思维可视化工具、常用社交媒体软件等)	终身泛在学习：基于各种泛在智能终端，应用各种开放在线课程资源、在线优质教育资源和社交媒体生成资源开展专业学习，养成终身学习的习惯	数字化工作：教师具备灵活应用各种数字化技术工具的能力，技术变得"不可见"，教师成为信息社会数字化工作的典范
ICT 融入教学的能力	技术整合能力：在信息化课程教学实践中掌握一种将技术有效整合于具体课程中的方式	问题解决能力：在课程教学中思考应用技术设计和实施基于问题解决式的学习任务，培养学习者探究、合作和自主建构知识的能力	创新性能力：在课程教学中灵活应用技术设计提升学习者批判性思考能力的活动，使学习者具备创新变革的思维
ICT 融入教学的研究	标准化模式：在课程教学过程中针对传统教学的问题采用典型标准化模式开展初步研究，掌握基本思想与方法	研究中改进：在课程教学中不断深入研究和反思，尝试探索基于深度理解的协作学习，通过设计教育实验方法，不断改进教学模式与方法	研究中创新：将课程打造成一个开放性的学习共同体，打破时空局限，使课程内部学习者与外部学习者形成一种联结化知识网络；教师之间形成课程在线教研共同体，通过分享与交流，不断创新教学模式和方法

互联网视域下定向运动教师教学的能力标准与发展路径，需要从系统发展的视角进行动态的研究与分析。本章借鉴以往的传统高校定向运动教师教学能力标准、高校定向运动教师教育技术能力标准以及中小学领域相关的教学能力标准特色，从技术融入教学的视角，提出了信息通信技术(ICT)深度融入教学的四个维度，对当前数字化学习环境下定向

❶ 葛文双,韩锡斌.数字时代教师教学能力的标准框架[J].现代远程教育研究,2017(1):59-67.

运动教师有效开展教学实践进行了界定。同时，能力结构框架是一个面向定向运动教师教学不同能力和不同阶段的灵活框架，可以作为分析高校定向运动教师信息化教学能力发展水平的结构框架，并为构建信息社会高校定向运动教师教学综合能力知识发展体系提供理论依据。

第三节　互联网视域下高校定向运动教师信息化教学能力提升策略研究

国内外很多学者对构建有效的培训项目进行了很多相关研究。从影响项目成功的因素看，定向运动教师信息化教学培训项目的质量可以从时间性的投入、技术感知和资源内容的有效性、培训项目是否本身能够超越技术而更加关注方法来判定。从项目组织机构因素看，技术的易用性和可访问程度、技术融入教学方法的支持措施与理论方法是信息化教学项目成功的关键因素。从项目实施效果因素看，定向运动教师在专业化发展项目中感知技术在自身教学中的有效体验将决定其是否把培训项目应用到自身的实际教学中。因此，制定一个切实有效的培训项目实施方案显得尤为重要。笔者将培训项目的实施方案总结如下。

一、协同化的工作方式

当前，我国定向运动教师培训工作的总体特点依然是数量型、学历提升型、学科知识补偿型，定向运动教师培训的实效亟待提高；培训内容与质量存在严重脱节的现象，培训内容需要进一步专业化，亟须专门的知识与能力和专门的培训方法，特别是培训策略要将"要我培训"转变为"我要培训"，从定向运动教师个性化需求出发，走量身定制的道路。

从目前高校定向运动教师信息化教学培训项目的实施效果看，国内高校定向运动教师信息化教学培训项目从体系或系统性角度来说还存在较大的差距，一般高校定向运动教师教学发展中心更多的是邀请各种信息化教育或教学专家做所谓的高端报告，而定向运动教师往往会从这类不接地气的报告中获得一些好像非常有用的观点，但在具体教学中如何做却仍然一脸迷茫。当高校自身无法满足信息化教学变革的诉求时，会选派定向运动教师参与各种微课、翻转课堂、MOOC 教学类的信息化教学培训，然而这类培训往往更多以报告形式进行组织，或者是针对技术应用性的培训，定向运动教师往往无法将培训内容迁移到教学中。

上述问题说明：我们要从教学市场需求出发，从教育供给侧适时进行调整，通过专业化团队设计，为高校提供"量身定制"的定向运动教师发展方案，促进互联网视域下定向运动教师教学能力的有效发展与提升。基于此，我们提出了"THU 研究机构+UMOOC 公司+院校管理与服务机构"协同化的定向运动教师培训工作方式，如图8-2所示。

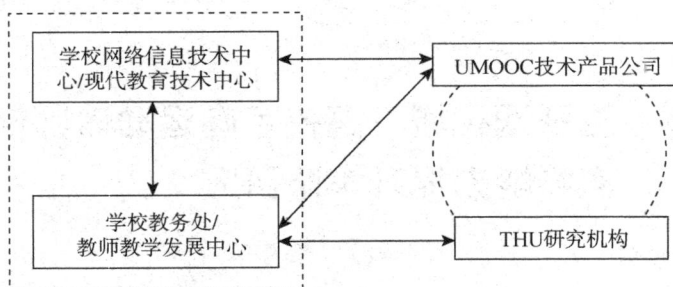

图8-2　定向运动教师混合教学能力提升培训项目协同工作方式

二、系统性的支撑体系

从促进院校教育系统性变革的目标出发，构建以"理论体系、技术体系和组织体系"为支撑的定向运动教师专业培训项目，以此促进定向运动教师有效的教学实践发展，如图8-3所示。其中，理论体系主要是指混合教育视角下课程与教学的整体重构，技术体系是指支持定向运动教师开展混合教学实践的分布式共享网络教学平台，而组织体系是指从学校、专业和课程三个层面促进院校的组织变革，在此之上构建高校定向运动教师混合教学能力提升培训项目。

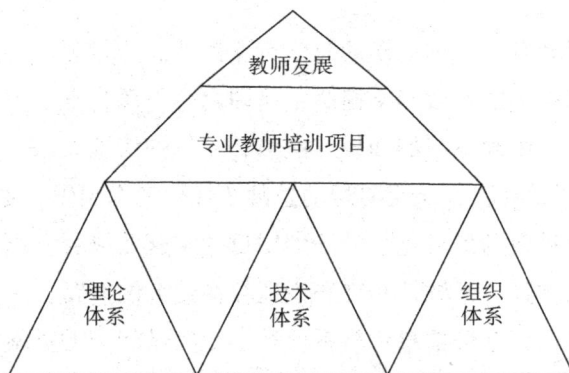

图8-3　以"理论体系、技术体系与组织体系"为支撑的定向运动教师培训项目

三、阶段性的实施模式

针对每个院校的不同特点，实施不同阶段性定向运动教师培训，模式如下：

第一阶段：分析院校定向运动教师的需求，在此基础上制订培训计划。

第二阶段：实施模块一和模块二的培训，包括专家理念引导报告和课程优秀案例介绍两个部分，通过专家报告引领和优秀定向运动教师实践案例学习，定向运动教师能自发形成信息化教学的主动意识。

第三阶段：实施模块三、模块四和模块五的培训，包括混合课程的设计与建设（培训网络教学平台和手机 APP 的技术操作）、课程设计部分的讲解与操作、课程建设部分的讲解与操作，让定向运动教师重点提升设计与建设混合式课程为主体的素养。

第四阶段：实施模块六的培训，通过定向运动教师汇报、分享和交流，以及专家点评，帮助定向运动教师优化自己的混合课程设计，提高课程建设效果，使定向运动教师初步具有开展混合教学的应用能力。

第五阶段：对定向运动教师教学应用实践进行跟踪，有效指导定向运动教师反思、总结自己的教学成果，使定向运动教师基于设计研究和行动研究的视角逐步深化教学意识与应用能力，通过科学实证性方法提升课程质量。

由此，将上述 6 个模块化的培训内容按照定向运动教师信息化教学能力提升发展过程进行阶段化处理，形成了高校定向运动教师混合教学能力发展阶段过程图，如图 8-4 所示。

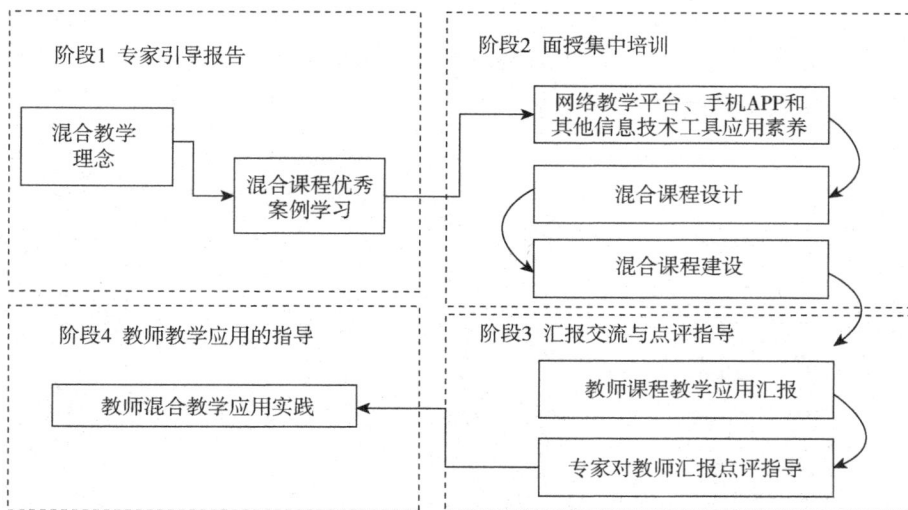

图 8-4 高校定向运动教师混合教学能力发展阶段过程图

定向运动作为一项新兴的体育运动项目，尽管当前在国内有很多院校已经开设，但是普及程度仍有待提升，很多学生对于定向运动项目一知半解，并且教师在实际开展定向运动理论知识教学时，仍采用常规的说教方式，教学方式比较枯燥单一，很难真正吸引学生的学习兴趣，严重限制了定向运动理论教学效果提升。基于此，在定向运动理论教学创新方面，教师可以充分利用现代教育技术手段，采用多媒体辅助开展理论教学。例如：教师可以借助多媒体信息技术，做一些视频课件，向学生更加全面系统地演示定向运动的内容。由于定向运动在开展过程中，不仅讲究"跑得快"，还需要采用精确的地图和一个指北针，选择正确的行进方向，顺利到达地图上要求的各个指示地点，花费时间最少者才能获胜。因此，在理论教学中，引导学生快速读懂地图，并利用地图上的各种信息快速行进是成功的关键所在。而由于定向地图上有很多图例符号，并且抽象难记，在传统教学中，教师要花费很多时间——进行讲解、演示，整个过程较为扩展，教学内容呈现不够具体，从而不利于学生学习效果的提升。因此教师可以利用多媒体技术，制作大量定向运动地图与实地对照的多媒体教学课件、定向运动电子立体地图、沙盘地形模型等，并配上丰富多彩的文字、图像、声音，在讲解定向图中的符号色彩时，能与实景进行——对照，从而使理论知识教学更加直观形象地呈现，有助于加深学生对定向运动理论知识的理解。

参考文献

[1] 仝红发，张磊. 人工智能助力高校定向运动课堂教学的趋向探索[C]. 第十二届全国体育科学大会论文摘要汇编——墙报交流（学校体育分会），2022：727-728.

[2] 陈珂新. 河南省中小学体育教师定向运动教学能力评价指标体系构建的研究[D]. 太原：太原理工大学，2021.

[3] 顾志波. 浅析中小学体育课程改革下的定向运动开展[J]. 体育风尚，2019（11）：155.

[4] 陈小青，韦燊. 互联网技术在定向运动教学中的应用分析[J]. 当代体育科技，2019，9（21）：59-60.

[5] 孙川. 浅析"互联网+定向运动"课程模式的教学[J]. 科学咨询（科技·管理），2018（11）：102.

[6] 张同宽，丁曙. "互联网+定向运动"课程模式的教学与实践研究[J]. 浙江海洋大学学报（人文科学版），2017，34（5）：73-76.

[7] 朱春明. 学校定向运动教学的实践[J]. 西部素质教育，2020，6（2）：107.

[8] 郭娜. 校园定向运动教学探究[J]. 新西部（理论版），2016（13）：140，150.

[9] 张东徽，仇飞云，周洪敏. 基于物联网技术的定向运动教学与训练研究[J]. 电视技术，2015，39（18）：16-18，21.

[10] 王炳花. 浅谈定向运动教学的制约因素及应对策略[J]. 当代体育科技，2014，4（31）：112-113.

[11] 陈为群. 高校校园定向运动教学场地资源开发研究[J]. 福建师范大学学报（自然科学版），2013，29（1）：115-119.

[12] 陶建斌. 提高学生定向运动训练效果方法探究[J]. 当代体育科技，2021，11（14）：77-79.

[13] 王越. 高中体育教学中定向运动训练探讨[J]. 中国校外教育，2020（11）：8-9.

[14] 田静. 高职院校定向运动教学中学生关键能力的培养[C]. 第三届全国学校定向运动学术研讨会论文集，2013：103.

[15] 徐奕宏. 校园定向运动教学之研究[J]. 广州体育学院学报，2004(1)：115-117.

[16] 侯忠仁. 高校开展定向运动教学与训练的探讨[J]. 甘肃科技，2008（16）：188-189.

[17] 汪海，年宇萱. "互联网+"视域下高校体育教师线上教学行为的现状调查[C]. 第七届中国体能训练科学大会论文集，2022：369-379.

[18] 高颖晖，王斌，史宏涛. 以教师教学领导力提升促进体育教学变革[J]. 中国教育学刊，2022(S1)：158-160.

[19] 陈志洪，金显春. 高校体育教师教学能力提升路径研究[J]. 当代体育科技，2022，12(26)：145-148.

[20] 李光华，杨华南，王会娟，肖秀显. 大学体育与健康[M]. 北京：人民邮电出版社，2017：240.